तहँ-तहँ भ्रष्टाचार

[व्यंग्य संग्रह]

तहँ-तहँ भ्रष्टाचार

सतीश अग्निहोत्री

राजकमल प्रकाशन

ISBN : 978-81-267-2607-3

मूल्य : ₹495

पहला संस्करण : 2014
पहला संस्करण : 2017
This book is printed on **Print on Demand** Technology : 2025

प्रकाशक : राजकमल प्रकाशन प्रा. लि.
1-बी, नेताजी सुभाष मार्ग, दरियागंज
नई दिल्ली-110 002

शाखाएँ : अशोक राजपथ, साइंस कॉलेज के सामने, पटना-800 006
पहली मंजिल, दरबारी बिल्डिंग, महात्मा गांधी मार्ग, प्रयागराज-211 001
1, अनमोल सोराबजी संतुक लेन, धोबी तलाव, मरीन लाइंस, मुम्बई-400 002

वेबसाइट : www.rajkamalprakashan.com
ई-मेल : info@rajkamalprakashan.com

TANH TANH BHRASHTACHAR
by Satish Agnihotri

भूमिका

पौराणिक प्रसंग, चरित्र तथा कथाएँ लोक की स्मृतियों और आचार-विचार में इस कदर धँसे, रचे, बसे रहते हैं कि ये फैंटेसी रचने के सर्वाधिक उपयुक्त उपादान सिद्ध होते हैं। लोक-कथाओं, लोक-गल्पों, जातक-कथाओं में भी ऐसे जनप्रिय चरित्रादि बिखरे पड़े हैं। इनसे फैंटेसी, विशेष तौर पर व्यंग्य फैंटेसी रचना बड़ा कारगर सिद्ध हो सकता है, बेहद कठिन भी और चुनौतीपूर्ण भी।

सतीश अग्निहोत्री की अधिकांश व्यंग्य रचनाएँ यह कठिन काम इतनी सहजता से करती दिखती हैं कि आश्चर्य होता है।

पौराणिक-कथाओ, जातक-कथाओं तथा लोक-कथाओं से फैंटेसी रचने की अपनी चुनौतियाँ होती हैं। इसमें सबसे महत्त्वपूर्ण पेंच तो यही है कि लेखक का अध्ययन बेहद गहन और व्यापक हो। उसमें उन पौराणिक और लोक चरित्रों की बेहद बारीक समझ तथा विश्लेषण करने का माद्दा होना चाहिए। यह मात्र अध्ययन से ही सम्भव नहीं। अपने व्याख्यानों के पाठ, पुनर्पाठ तथा रचनात्मक पाठ से ही यह बात आती है जो प्राय: लोगों के बस की बात नहीं। महाभारत, रामायण, पंचतंत्र, बेताल पचीसी, सिंहासन बत्तीसी, कथा सरित-सागर आदि ऐसे ही समुद्र हैं जिनमें मोती भी तलाशे जा सकते हैं और गोते भी लगाए जा सकते हैं। यह तो इसका एक पक्ष हुआ। दूसरा पक्ष इससे भी महत्त्वपूर्ण है।

वह है व्यंग्य की स्पष्ट समझ और अपने समय के समाज तथा राजनीति के चरित्रों की भी वैसी ही गहन समझ। व्यंग्य फैंटेसी रचने के लिए दोनों बातें चाहिए। तीसरा पक्ष निश्चित ही उपरोक्त दोनों पक्षों का रचनात्मक मिलन है जहाँ लेखक आज के समाज में घट रही कहानी को कौशलपूर्वक पौराणिक तथा लोक–कथाओं के साथ जोड़कर व्यंग्य पैदा कर पाता है जहाँ उनके सौन्दर्य शास्त्र की परीक्षा होती है। व्यंग्य फैंटेसी ऐसे ही जन्म लेती है और यह बेहद कठिन काम है, मैंने ऊपर बताया ही।

सतीश अग्निहोत्री के इस व्यंग्य संग्रह की अधिकांश रचनाओं में यह व्यंग्य कौशल बेहद मेच्योरली बरता गया दिखता है। व्यंग्य के उनके विषय तो नए हैं ही, उनको पौराणिक तथा लोक–गल्पों से जोड़ने की उनकी शैली भी बेहद आकर्षक है। आप मजे–मजे से सब कुछ पढ़ जाते हैं और फैंटेसी में बुने जा रहे व्यंग्य की डिजाइन को लगातार समझ भी पाते हैं। इस तरह की पौराणिक व्यंग्य फैंटेसी रचने में परसाई जी सबसे बड़े उस्ताद थे। यों शरद जोशी और यदाकदा त्यागी जी ने भी यह काम किया है। सतीश अग्निहोत्री का काम इसलिए भी तुरन्त ध्यान खींचता है क्योंकि उन्होंने इस संग्रह में मानो केवल यही काम करने की ठानी है। यह उनकी विशेषता सी बन गई लगती है। परन्तु कहीं यह बात उनकी सीमा सिद्ध न हो तो बेहतर। बहरहाल, व्यंग्य फैंटेसी के मजे होने हैं और उनके रचनाकर्म को समझना हो तो सतीश की ये रचनाएँ बड़े काम की हैं।

–ज्ञान चतुर्वेदी

आमुख

'तहँ-तहँ भ्रष्टाचार' आपके सामने प्रस्तुत है, चुभता हुआ व्यंग्य है। भाई अरुण इनामदार जो आईआईटी मुम्बई में प्रोफेसर हैं, उनके चुभते व्यंग्य-चित्र हैं। सो थोड़ा सावधानीपूर्वक पढ़ें।

आमुख लिखने का मेरा कोई इरादा नहीं था पर अशोक महेश्वरीजी की एक टिप्पणी ने इस बात पर मजबूर कर दिया। बात पुस्तक के शीर्षक की हो रही थी। इसके पूर्व संकलन का नाम 'मिट्टी के रास्तों का देश' था। गत वर्ष मराठी से स्वयं अनूदित पुस्तक का नाम रखा था–'झोपी गेला कुम्भकर्ण' (कुम्भकर्ण (फिर) सो गया)। इस बार मैंने नाम प्रस्तावित किया 'तहँ-तहँ भ्रष्टाचार'–उसके ऊपर छोटे अक्षरों में एक जुमला 'जहँ-जहँ पड़त व्यवस्था के पग'।

एक शुभचिन्तक के हिसाब से अशोक जी ने टिप्पणी की, "देखिए, मेरे लिए तो खास फर्क नहीं पड़ता–पर आप जरा पुनर्विचार कर लीजिए"।

"वह क्यों?" मेरी जिज्ञासा बढ़ी। अशोक जी ने बड़े धीरज के साथ समझाया, "आप बड़े वरिष्ठ सरकारी अफसर हैं, आप ही अपनी पुस्तक का नाम तहँ-तहँ भ्रष्टाचार रखेंगे तो..."

शुभचिन्तक के रूप में उनकी टिप्पणी में तुक था, पर वह एक टिप्पणी कई बातें साथ कह गई। एक तो यह कि वरिष्ठ अधिकारी व्यवस्था पर चुटीला व्यंग्य करे तो समस्या

खड़ी न हो! दूसरे यह कि भ्रष्टाचार सरकारी क्षेत्र की बपौती है क्या...। तीसरे यह सवाल भी उठ सकता है कि आप यह सब लिख रहे हैं तो आपने क्या किया इसके निराकरण के लिए...

तब मैंने ठानी कि आमुख लिखूँ और ऐसी कई शंकाएँ जो पाठकों के मन में आएँ, उनका थोड़ा-बहुत समाधान अपनी तरफ से करूँ। अत: यह प्रयास। पहले तो यह कह दूँ कि भ्रष्टाचार की चहुँ ओर व्याप्ति की खबर महज एक शीर्षक की मोहताज नहीं है। आज वस्तुस्थिति हर किसी को मालूम है। दूसरे यह कि ये कहानियाँ मैं पिछले 20-25 वर्षों से स्थान, काल और दल-निरपेक्ष भाव से लिखे जा रहा हूँ। तब भ्रष्टाचार थोड़ा लुका-छिपा, सहमा-सकुचा रहता था। अब तो पूरा ढीठ हो गया है और अगर हम उसके सामने नीरव रहें तो वह और ढीठ हो जाएगा।

तीसरी और महत्त्वपूर्ण बात यह है कि भ्रष्टाचार महज सरकारी तंत्र की देन या बपौती नहीं है। यह खुशफहमी कि भ्रष्टाचार बस तंत्र के सामने जनता की बेबसी की उपज है, 'दिल को बहलाने को' ठीक है पर जमीनी हकीकत और भी है। निम्न बानगियाँ देखिए—मैं जब ओडिशा में ट्रांसपोर्ट कमिश्नर था, एक अध्यापक मुझसे मिलने आए। उनके बेटे को ड्राइविंग लाइसेंस के लिए आवेदन करना था। बात छोटी थी। मैंने उन्हें बातों-बातों में उन सारे सुधारों के बारे में बताया जो हम लाने जा रहे थे, मसलन—कम्प्यूटर आधारित टेस्ट, बायामेट्रिक पहचान पत्र, बिचौलियों को हटाना वगैरह-वगैरह। थोड़ी सी मायूसी के साथ उन्होंने पूछा, "आप ये सारे सुधार कब तक ला रहे हैं?" मेरा जवाब था, "कोई 4-6 महीने में।"

"थैंक गॉड", उन्होंने कहा। मुझे इसमें भगवान की किसी भूमिका की बात पल्ले नहीं पड़ी। उन्होंने इत्मीनान से

मुझे समझाया, "मेरे बेटे को लाइसेंस मिल जाए फिर आप चाहे जो सुधार करते रहें।"

उनका यह रुख हमारी मानसिकता का आईना है। मेरे सारे पड़ोसी नियमों से बँधे रहें पर मेरे लिए अपवाद की गुंजाइश रहे। नियमों से परे रहने की यह ललक भ्रष्टाचार को बढ़ावा देती है।

दूसरी बानगी उस जहाज मालिक की थी जिसे जहाजरानी के क्षेत्र में किए गए मेरे सुधारों में कोई खास रुचि नहीं थी क्योंकि जिन सारी समस्याओं का मैं समाधान करने की कोशिश कर रहा था उन्हें तो उनका 'गुमाश्ता' वैसे भी सुलझा आता था।

फिर भी आपको खुशफहमी हो कि भ्रष्टाचार निजी क्षेत्र में नहीं है तो आईपीएल को देख लें, राडिया टेप सुन लें और मेडल मिलने से पहले ही हमारे जितने खिलाड़ी 'डोप टेस्ट' में फेल हो रहे हैं उसका जायजा लें।

उपरोक्त सारे उदाहरण एक और खुशफहमी दूर करते हैं—वह यह कि भ्रष्टाचार अभाव की देन है और सिर्फ कम पैसेवालों में पनपता है। आज का भ्रष्टाचार भूखे पेटवाले का भ्रष्टाचार नहीं भरे पेट का भ्रष्टाचार है। मेरे एक मित्र कहा करते थे, "आदमी का पेट तो भर जाता है, मन नहीं भरता।" सही फरमाया आपने! तभी तो घर से दो-तीन सौ करोड़ बरामद होना, धनकुबेरों द्वारा क्रिकेट में मैच फिक्सिंग कराना, भूखंड लूटना वगैरह-वगैरह आम बातें हो गई हैं। ढिठाई इन्हें बढ़ावा देती है—ये ढिठाई को बढ़ावा देते हैं। मैथिलीशरण गुप्त जी की कविता कॉलेज में पढ़ी थी—

"हे जन अर्जन से मुँह न मोड़
मिल सके जहाँ जितना न छोड़
पर यह तो कह किस हेतु हाय
बहुजन हिताय बहुजन सुखाय।"

हमें सिर्फ दूसरी पंक्ति भर याद रह गई है, 'मिल सके जहाँ जितना न छोड़'।

क्या निराशा के इस गर्त में आशा की किरण नजर आती है? मैं आशावादी हूँ। अत: मेरा उत्तर 'हाँ' में है। भ्रष्टाचार जितना ढीठ होता जा रहा है उसके खिलाफ आवाज भी, धीरे-धीरे ही सही, मुखर होती जा रही है। और यह भी कि उसी व्यवस्था में सुधार की लहरें भी उमड़ रही हैं। उनसे भ्रष्टाचार नष्ट न हो पर न्यूनतम स्तर की ओर जरूर लाया जा सकता है—रेल में आरक्षण का कम्प्यूटरीकरण इसका सबूत है। जो पाठक इससे 70-80 के दशक में दो-चार हुए हैं वह इस सुधार का महत्त्व समझ पाएँगे?

मैं जिन-जिन पदों पर रहा हूँ वहाँ-वहाँ मेरा प्रयास रहा है कि भ्रष्टाचार का संस्थागत तरीके से निवारण किया जाए और मैं इसमें सफल भी रहा हूँ—अब वह शहरी विकास प्राधिकरण के तहत प्लॉट आवंटन हो, औद्योगिक लाइसेंस हो, वृद्धावस्था पेंशन हो, ड्राइविंग लाइसेंस कम्प्यूटरीकरण हो या जहाजरानी क्षेत्र में सुधार हो। यह सब लिखने का यह न समय है न स्थल। बस कमलेश्वर जी की इस उक्ति के साथ समाप्त करूँगा, "अहमियत इस बात की नहीं है कि आप कहाँ हैं बल्कि इस बात की है कि आप जहाँ हैं वहाँ क्या कर रहे हैं?"

इस व्यंग्य रचना में इतना गम्भीर आमुख देने के लिए क्षमाप्रार्थी हूँ पर विश्वास है कि सुधी पाठकों की सहानुभूति मेरे प्रति रहेगी।

—सतीश अग्निहोत्री

अनुक्रम

टिकटार्थी की मौत

आम आदमी ने एक ठंडी साँस भरी। उसने संसद भवन की छत पर पड़े वेताल के शव को उतारा और अपने कन्धों पर लाद कर चल पड़ा। वेताल ने उसकी लगन की मन-ही-मन प्रशंसा करते हुए कहा, ''हे आम आदमी! न जाने वह कौन सी तपस्या है जिसमें तुम लगे हुए हो और बार-बार मुझे यहाँ से उतार लाते हो। आने वाले दिनों में न जाने कितनी बार तुम्हें मुझे इस भवन पर से उतारना पड़ेगा। अब इस देश में बस चुनाव-दर-चुनाव ही होते रहेंगे। खैर चलो, रास्ते की बोरियत मिटाने के लिए तुम्हें एक टिकटार्थी की मौत का किस्सा सुना ही दूँ।''

'किस्सा!' आम आदमी ने वेताल को मन-ही-मन कोसा। नेता लोग जिस तरह देश की लुटिया डुबाने पर तुले हुए हैं वैसे ही तू भी मुझे कहानियाँ सुनाने पर तुला हुआ है। पर वह चुप रहा। वेताल ने किस्सा आरम्भ किया– 'चित्रगुप्त अपने आसन पर बैठे बहीखाता देख रहे थे। उनके सामने टिकटार्थी जी का केस था। जैसा चाहिए था, इस बार के चुनावों में भी टिकटार्थी जी ने पार्टी के टिकट के लिए जी-तोड़ कोशिश की थी। तिकड़मों में वे माहिर थे और उनके कट्टर विरोधी भी इस बात के लिए उनका लोहा मानते थे। अबकी बार भी उन्होंने हर जगह अपनी गोटी बैठा रखी थी। मुख्यमंत्री जी के पास भी और प्रदेशाध्यक्ष जी के पास भी। यह दीगर बात थी कि मुख्यमंत्री और प्रदेशाध्यक्ष का आपस में अहि–नकुल सम्बन्ध था; पर टिकटार्थी जी को इससे क्या, उनके लिए तो दोस्त का दुश्मन भी दोस्त ही था। मतलब यारी से नहीं, पार्टी टिकट से था।

और यही वजह थी कि उन्होंने आलाकमान स्तर पर भी अपनी जुगत भिड़ा रखी थी। परसों ही की तो बात है, दल के अध्यक्ष जी के भाषण के

लिए उन्होंने जैसी भीड़ जुटाई थी, वह रिकॉर्ड ही था। यह करीब-करीब तय ही था कि टिकट उन्हें ही मिलेगा। बस परसों औपचारिक रूप से घोषणा होनी बाकी थी।

टिकटार्थी जी मुस्कुराए। अध्यक्ष जी भी बड़ा सस्पेंस बनाए रखते हैं। विदा लेते समय जब टिकटार्थी जी ने खीसें निपोरकर उनसे पूछा था, ''हुजूर, अब मैं प्रचार-कार्य में जुट जाऊँ?'' तो कनखियों से देखते हुए उन्होंने कहा था, ''दल का कार्यक्रम तो चलता ही रहना चाहिए। जहाँ तक उम्मीदवारों की सूची का सवाल है वह तो प्रदेशाध्यक्ष जी के पास सुरक्षित है, चार-पाँच दिनों में पता चल ही जाएगा।''

टिकटार्थी जी झुँझलाए तो थे, पर मन–ही–मन। चेहरे पर का हास्य उन्होंने बरकरार रखा था।

पर, तेरे मन कछु और है, कर्ता के कछु और। चित्रगुप्त को साफ नजर आ रहा था कि टिकटार्थी जी के भाग्य में एक सदमा बदा था। उनकी टिकट की दरख्वास्त नामंजूर हो गई थी और उनके विरोधी जुगाड़ी जी को पार्टी–प्रत्याशी के रूप में चुना गया था।

और इसके मूल में था अध्यक्ष जी का पुराना गुस्सा। पिछली बार जब वे प्रदेश के दौरे पर आए थे, टिकटार्थी जी उनकी अगवानी के लिए दस मिनट देर से पहुँचे थे। अध्यक्ष महोदय की भृकुटि टेढ़ी हो गई थी और आनन–फानन में कम्प्यूटर की याददाश्त में टिकटार्थी जी के नाम पर क्रॉस का निशान लग चुका था।

गणना के अनुसार दो दिन बाद जब प्रदेशाध्यक्ष नामों की घोषणा करते, तब टिकटार्थी जी का नाम उसमें नहीं होता और इस अपमान और सदमे से उनकी मौत होने वाली थी।

चित्रगुप्त को टिकटार्थी जी पर दया आ गई। एक छोटी–सी भूल की इतनी बड़ी सजा! यह तो अन्याय होगा। पर क्या किया जाए, गणना के अनुसार यही तय होता था। उन्होंने टिकटार्थी जी के पाप–पुण्य के हिसाब पर अन्तिम नजर फेरने के लिए कलम उठाई।

पर यह क्या! टिकटार्थी जी के एक पुण्य को तो विभाग वाले पूरी तरह अनदेखा कर गए थे। उन्होंने मन–ही–मन सहायकों को कोसा। आजकल ऐसी गलतियाँ कुछ ज्यादा ही हो रही थीं। उन्होंने तय किया कि यमराज से निवेदन कर पाँच दिनों का सप्ताह रखवाया जाए, यह छह दिनों का सप्ताह काफी थका देने वाला होता है।

पर प्रश्न था कि इस पुण्य का क्या किया जाए? चित्रगुप्त कुछ देर सोचते रहे फिर मुस्करा पड़े। यही ठीक रहेगा, साँप भी मरे और लाठी भी न टूटे। टिकटार्थी जी की मृत्यु को एक दिन पीछे खींच लिया जाए। बेचारे अपना नाम कट जाने के अपमान और पीड़ा से बच जाएँगे और आलाकमान को भी जुगाड़ी का नाम सूची में शामिल करने का बहाना मिल जाएगा।

अपनी तरकीब पर चित्रगुप्त खुश हुए। उन्होंने टिकटार्थी जी की मृत्यु को चौबीस घंटे पीछे खींचा, उनके खाते पर अन्तिम हस्ताक्षर किए और इस आशय की सूचना मृत्यु-विभाग और आत्माओं के भंडारण-विभाग को भेज दी।

आम व्यवस्था यह थी कि नियत समय पर मृत्यु-विभाग वाले आकर व्यक्ति विशेष को मृत कर जाते थे और भंडारण-विभाग वाले आकर आत्मा को अपने साथ ले जाते थे। पर इस बार अकस्मात् समय-परिवर्तन के कारण थोड़ी गड़बड़ी हो गई। मृत्यु-विभाग वाले सही समय पर अपना काम कर गए। पर भंडारण-विभाग के यमदूतों को आने में कुछ देर हो गई, और जब तक वे पहुँचते टिकटार्थी जी की आत्मा अपने स्थान से नदारद!

यमदूत परेशान हो गए। मृत्यु-विभाग वाले अभी-अभी बता गए थे कि आत्मा उसी तकिए के नीचे रखी हुई थी जहाँ टिकटार्थी जी का मृत शरीर पड़ा हुआ था। उन्होंने फिर एक बार घर की तलाशी ली, पर आत्मा नहीं मिली!

यमदूतों को पसीना आ गया। अगले दिन सूर्यास्त तक अगर आत्मा न मिली तो लेने के देने पड़ जाएँगे। वे फौरन खबर देने चित्रगुप्त के पास पहुँचे।

खबर सुनकर चित्रगुप्त घबराए। मुसीबतें इकट्ठी नहीं आतीं। कहीं आत्मा परकाया-प्रवेश कर बैठी तो? एक ऐसी घटना से चित्रगुप्त दो-चार हुए थे जब विरोधी दल के संसद सदस्य की आत्मा शासक दल के एक वरिष्ठ नेता के शरीर में प्रवेश कर बैठी थी। दोनों का ही दिल के दौरे के लिए ICU (इंटेसिंव केयर यूनिट) में इलाज चल रहा था। फिर शासक दल के उस वरिष्ठ नेता ने विद्राह का झंडा उठाया, दल-बदल किया–पृथ्वी पर न जाने कैसा-कैसा राजनीतिक बवाल मचा। मामला रफा-दफा करने के लिए चित्रगुप्त को क्या-क्या पापड़ नहीं बेलने पड़े थे; पर यह सब सोचने का वक्त अभी नहीं था। उन्होंने जल्दी-जल्दी एक उड़नदस्ते का गठन किया और उसे आत्मा की खोज में भेजा। दोनों यमदूतों को लेकर वे यमराज को स्थिति से अवगत कराने चल पड़े।

यमराज को जब घटना का पता चला, वे आगबबूला हो उठे। पहले ही वह यमदूतों की ओवर-टाइम की माँग और चित्रगुप्त के पाँच दिनों के सप्ताह

के प्रस्ताव पर रुष्ट थे। उन्होंने आव देखा न ताव, फौरन दोनों यमदूतों के निलम्बन का आदेश दे दिया।

पर निलम्बन से समस्या का समाधान थोड़े ही होता। यह जरूरी था कि सूर्यास्त से पहले आत्मा को खोज निकाला जाए वरना वह जन्म-मरण के चक्कर से छुटकारा पाती और जवाब यमराज से तलब किया जाता।

परिस्थिति विकट थी। जैसा कि इन परिस्थितियों में आमतौर पर होता है, इस बार भी नारद मुनि तशरीफ ले आए। यम-सभा में आते ही उन्होंने भाँप लिया कि मामला गम्भीर है। यमराज का गुस्से से भरा चेहरा, चित्रगुप्त की परेशानी और दूतों के चेहरों पर उड़ती हवाइयाँ साक्षी थीं कि दूत कुछ-न-कुछ गलती कर बैठे हैं। मीठे शब्दों में नारद ने यमराज से पूछा, "क्या बात है धर्मराज! कुछ परेशान से नजर आ रहे हैं!"

इससे पहले कि यमराज बरसते, चित्रगुप्त हाथ जोड़कर खड़े हो गए, "मुनिवर! अब आपसे क्या छिपाना, एक गम्भीर समस्या उठ खड़ी हुई है।"

समस्या वाकई गम्भीर थी। चित्रगुप्त से सारा वाकया सुनने के बाद नारद मुस्कराए। चित्रगुप्त ने अनुनय की, "मुनिवर, आप तो परम ज्ञानी और परम अनुभवी हैं, त्रिलोक में विचरण करते हैं। आप ही कुछ उपाय करें।"

नारद के पास अनुभवों का भंडार था। त्रिलोक में विचरते समय वे कई तरह की घटनाओं से दो-चार हुआ करते थे। बहुत कम लोगों को पता था कि उन्होंने पृथ्वी पर कई साल एक प्रधानमंत्री के विशेष सहायक के शरीर में घुसकर बिताए थे। उस बेचारे सहायक का नाम 'नारद मुनि' पड़ गया था। उन्हें अब भी याद है—खुद का रुतबा, दबदबा, दर्शनार्थियों की भीड़, टिकटार्थियों की तिकड़में...

खैर, यह समय अतीत में भटकने का नहीं था। नारद यमदूतों की ओर मुखातिब हुए और बोले, "दूतो! मुझे विस्तार से बताओ, क्या घटना हुई। शायद मैं तुम्हारी कुछ मदद कर सकूँ।"

डूबते यमदूतों को वीणा का सहारा। उन्होंने विस्तार से नारद को सारी बातें बताईं और यह बताना न भूले कि कैसे टिकटार्थी जी की मृत्यु के समय को चौबीस घंटे पहले खींच लिया गया था और इसकी सूचना उन्हें देर से मिली।

चित्रगुप्त ने जलती नजरों से उन्हें देखा, 'बच्चू अपना बचाव-पक्ष अभी से मजबूत कर रहे हैं।' खैर, उन्होंने झेंपकर नारद को मृत्यु-समय पीछे सरकाने की वजह बताई। इससे पहले वे यमराज से अभयदान लेना नहीं भूले।

नारद ने सारी बातें गौर से सुनीं। उनके हिसाब से मामला साफ था, "यमदूतो! तुम आत्मा को गलत जगह तलाश रहे थे। मैं तुम्हें बताता हूँ, आत्मा कहाँ होगी।" उन्होंने यमदूतों को अपने पास बुलाकर उनके कानों में धीरे से कुछ कहा, यमदूत बग्टुट भागे। चित्रगुप्त धड़कते दिल से और यमराज विस्मय से उनकी वापसी की प्रतीक्षा करने लगे।

वापसी में यमदूतों का चेहरा खिला हुआ था। उन्होंने आते ही नारद मुनि के चरणों में लोट लगा दी। आत्मा ठीक वहीं थी जहाँ नारद ने उन्हें बताया था।

चित्रगुप्त और यमराज फिर एक बार नारद जी का लोहा मान गए। यमराज ने उनसे पूछा, "मुनिवर, आपने यहाँ बैठे-बैठे कैसे जाना..."

उनकी बात को बीच में ही काटते हुए नारद ने कहा, "एलेमेंटरी माय डियर धर्मराज!"

वेताल ने कहानी को यहीं समाप्त कर दिया और कहा, "हे आम आदमी, नारद मुनि को आत्मा का सही ठिकाना इतनी आसानी से कैसे पता चला और वह कौन-सी जगह थी जहाँ टिकटार्थी की आत्मा मिली। अगर जान-बूझकर तुमने मेरे प्रश्न का उत्तर नहीं दिया तो तुम्हारे सर के उतने ही टुकड़े हो जाएँगे जितने एक क्षेत्र में मतदाता।"

आम आदमी ने फिर एक ठंडी साँस ली और कहा, "हे वेताल! मुझे मालूम था कि तुम मुझसे ऐसा ही सवाल करोगे। तो सुनो, चित्रगुप्त ने भले ही टिकटार्थी जी को एक अपमान से बचाने के लिए उनकी मौत को समय से पहले निर्धारित कर दिया, पर वे यह भूल गए कि उम्मीदवारों के नामों की घोषणा होने तक टिकटार्थी जी की आत्मा उसी सूची में अटकी रहेगी, जो प्रदेशाध्यक्ष जी के पास सुरक्षित रूप से रखी हुई थी। अतः जैसे ही मृत्यु-विभाग वाले अपना काम कर गए, अतृप्त आत्मा सीधे प्रदेशाध्यक्ष जी की उस अलमारी में जा बैठी जहाँ उम्मीदवारों की सूची रखी हुई थी। यमदूतों की

'अनुभवहीनता' के कारण उन्हें इस बात का पता न चला, पर अनुभवी नारद इसे तुरन्त भाँप गए।''

''बहुत अच्छे! तुम्हारी राजनीतिक सूझबूझ वाकई प्रशंसनीय है।'' वेताल ने कहा। चूँकि आम आदमी का मौन भंग हो चुका था वह वापस जाकर संसद भवन की छत पर लटक गया।

आम आदमी ने उस पर एक उचटती निगाह डाली और घर की ओर बढ़ चला। अभी उम्मीदवारों की सूचियाँ जारी नहीं हुई थीं पर चुनाव-प्रचार जोड़ पकड़ चुका था।

पुनर्मूषको भव

आम आदमी ने एक ठंडी साँस भरी, मतदान केन्द्र के ऊपर पड़े वेताल के शव को उठाकर अपने कन्धों पर लादा तथा घर की ओर चल पड़ा। वेताल ने उसकी सेवा-भावना और लगन की मन-ही-मन प्रशंसा की; पर प्रकट में उसने कहा, ''हे आम आदमी! पता नहीं, तुम बार-बार मेरे पास क्या हासिल करने के लिए आते हो? न जाने वह कौन-सा ध्येय है जिसे तुम प्राप्त करना चाहते हो। तुम्हारे प्रयत्नों से मुझे महर्षि मतदाता की याद आ रही है, जिन्हें प्रसन्न करने के लिए मूषक बार-बार उनके पास जाता था। चलो, सफर की थकान मिटाने के लिए मैं तुम्हें वह कहानी सुना ही दूँ।

'मर गए,' आम आदमी ने मन-ही-मन कहा, 'फिर एक कहानी। 'पर चूँकि वह अपना मौन भग नहीं कर सकता था, अतएवं चुप रहा। उसकी चुप्पी देख वेताल ने कहानी सुनाना आरम्भ किया–

गणतंत्र के जंगल में महर्षि मतदाता का नाम बड़े आदर के साथ लिया जाता था। बड़े-बड़े राजर्षि और ब्रह्मर्षि उनके सामने नतमस्तक हो जाने को बाध्य थे। इसका कारण था–कायाकल्प यज्ञ। प्राय: हर पाँच साल बाद महर्षि का आवाहन होता था, इस यज्ञ को करने के लिए। यज्ञ में किसका कायाकल्प कैसा होगा–यह कोई नहीं बता सकता था। महर्षि की भृकुटि वक्र हुई तो यजमान राजा से रंक और होंठों पर स्मित हास्य आया तो रंक से राजा। महादेव के अनन्य भक्त होने के नाते वह भी भोले और आशुतोष थे। इसीलिए कई बार राजा लोग और उनके दरबारी महर्षि के भोलेपन का नाजायज फायदा भी उठा लिया करते थे; पर देर-सबेर, इस यज्ञ में या अगले यज्ञ में महर्षि मतदाता ऐसे लोगों की अक्ल ठिकाने लगा देते थे।

एक बार की बात है। महर्षि जी एक छोटा–सा यज्ञ सम्पन्न कर रहे थे कि एक मूषक (चूहा) उनके कदमों में आ लोटा। महर्षि ने थोड़े आश्चर्य से उसकी ओर देखा। लम्बी दुम अपने तीखे दाँतों में दबाए, विनीत उनके चरणों में लोटता हुआ चूहा।

'क्या बात है वत्स मूषक?''

''महर्षि, मैं एक अदना–सा मूषक! इस जंगल में मेरी क्या हस्ती? आपके कायाकल्प यज्ञ का बहुत नाम सुना है, बड़ी उम्मीदें लेकर आपके चरणों में आया हूँ। मुझे जिला दें या मार दें।...

''अरे, पर तुम्हें चाहिए क्या?'' महर्षि ने पूछा।

''कायाकल्प,'' मूषक ने विनम्रता से कहा।

''कायाकल्प!'' महर्षि को हँसी आ गई, ''पर कैसा?''

"मैं बिल्ली की तानाशाही से, अत्याचारों से तंग आ गया हूँ मुनिवर! मेरी प्रार्थना है कि आप मुझे बिल्ली बना दें, ताकि बिल्ली बनकर मैं अपनी जमात के मूषकों को भय और आतंक से मुक्त करा सकूँ।"

महर्षि को दया आ गई। छोटा-सा जीव और उसकी छोटी-सी अभिलाषा। "अच्छा चलो, कोई बात नहीं, इस यज्ञ में हम तुम्हें बिल्ली बना देते हैं।"

मूषकों की जमात ने आँखें फाड़-फाड़कर महर्षि का कारनामा देखा। खुशी से कइयों की बाछें खिल गईं। अपना मूषक बिल्ली बन गया! वाह, अब अच्छे दिन आएँगे!

पर बिल्ली बनते ही मूषक ने उत्साह में कुछ देर इधर-उधर दौड़ लगाई। फिर उसने अपने ही दो-चार यार-दोस्तों पर हाथ साफ कर दिया और डकार लेता हुआ अपनी नई उपलब्धि की खुशियाँ मनाने लगा।

पर उसकी खुशियाँ अस्थायी सिद्ध हुईं। कुछ ही दिनों में वह अपनी अवस्था से असन्तुष्ट होने लगा। बिल्लियों की जमात में वह शामिल अवश्य हो गया था, पर सत्ता के समीकरण में कुत्तों का रोब-दाब देखकर उसकी ललक बढ़ी। बिल्ली के रूप में कब तक बना रहूँ? उसने सोचा और अगले यज्ञ में फिर एक बार महर्षि के पास पहुँचा।

महर्षि ने पहली नजर में ही उसे ताड़ लिया; पर मूषक को उसका पता नहीं था। उसने बड़े भक्ति-भाव से उन्हें साष्टांग दंडवत् किया।

"अब क्या समस्या आन पड़ी, मूषक?" महर्षि ने मुस्कराते हुए प्रश्न किया।

मूषक सम्बोधन सुनकर मूषक को काफी शर्म आई, पर उसे नजरअन्दाज कर वह महर्षि के कदमों में गिड़गिड़ाया, "हे महर्षि, मैंने बिल्ली की जिन्दगी बसर कर देखी है, पर हमेशा कुत्तों के सामने मुझे भाग खड़ा होना पड़ता है। मैं उससे सन्तुष्ट नहीं हूँ। मैं और ऊपर उठना चाहता हूँ, ताकि अपने शोषित-पीड़ित जमात वालों की अधिक-से-अधिक सेवा कर सकूँ। उन्हें भय से मुक्त करा सकूँ।"

महर्षि मूड में थे। हँस दिए और ज्यादा सोच-विचार किए बिना मूषक को बिल्ली से कुत्ता बना डाला।

अब शामत न सिर्फ चूहों की थी वरन् बिल्लियों की भी आ गई। मूषक को उनके बचाव के सारे तौर-तरीकों का पता था, सो वे बेबस थीं।

मूषक की लालसा बढ़ने लगी। पर वास्तविकता से वह उस दिन दो-चार हुआ जब भेड़िए से उसका सामना हुआ। अपनी जमात के कुत्तों और बिल्लियों पर रोब गाँठने वाले मूषक के मन में भेड़िए को देख, वैसा ही डर समा गया जैसा चूहे के मन में बिल्ली को देख समाया करता था! और एक दिन तो वह रास्ते में एक बड़े से भेड़िए के सामने ही पड़ गया था। दुम दबाकर भागने के सिवा उसके सामने और कोई चारा नहीं था। उसने सत्ता के समीकरणों का फिर से अध्ययन किया। भेड़ियों के स्तर और स्थान ने उसकी उच्चाकांक्षा और ईर्ष्या को हवा दी। वह फिर एक बार मतदाता के आश्रम में पहुँचा।

इस बार यज्ञ से काफी पहले ही से उसने महर्षि की सेवा शुरू कर दी। उनके आगे-आगे चलना, रात भर पहरेदारी, अखबार ला देना और न जाने क्या-क्या! महर्षि भी उसकी सेवा और वफादारी से खुश थे।

यज्ञ के दिन मूषक का सेवा-भाव चरम पर था। महर्षि को लगा, हो-न-हो दाल में कुछ काला जरूर है। उन्होंने पूछ ही लिया, ''क्यों मूषक, फिर कोई...''

मूषक एक क्षण के लिए अप्रसन्नता से गुर्राया। माना वह मूषक था, फिर भी...पर मौके की नजाकत को भाँपते हुए उसने कान फड़फड़ाए, दुम हिलाई और नम्रता से बोला, ''मुझे बार-बार मूषक न कहें महर्षि।''

''अच्छा, क्या बात है। ''महर्षि ने पूछा।

''मुझे और ऊपर उठना है महर्षि।'' उसने जवाब दिया, ''मैंने भेड़िए को देखा–अब लगता है, वाकई कुत्तों की-सी जिन्दगी जी रहा हूँ। अगर कभी किसी खूँखार भेड़िए से सामना हो गया तो शायद कुत्ते की मौत मरना भी पड़ जाए।'' कहते-कहते उसकी आँखों में आँसू आ गए।

महर्षि को न जाने क्यों घड़ियाल की याद आ गई। फिर भी वे सहानुभूति की लहर में बह गए और मूषक को कुत्ते से भेड़िया बना दिया।

अब मूषक के ठाठ थे। एक भेड़िए के रूप में उसकी ख्याति सारे जंगल में फैलने लगी। अब वह न सिर्फ चूहों, बिल्लियों, कुत्तों और तत्सम जानवरों पर रोब और आतंक जमाए रहता, बल्कि भेड़िए भी उसे 'भेड़ियों का भेड़िया' कहने लग गए थे।

पर ऊँट को आखिर पहाड़ मिल ही जाता है! उस दिन मूषक को शेर के सामने मुँह की खानी ही पड़ी। आखिर शेर से भला लड़ा जा सकता है? शेर शेर है! भेड़िया भेड़िया! मूषक की अब समझ में आया कि जंगल राज में सर्वोच्च सत्ता-बिन्दु शेर है और उसका प्रयत्न अब शेर बनने का ही होना चाहिए।

इस बार मूषक को देखकर महर्षि के माथे पर बल पड़ गए। मूषक की पिछली करतूतों की खबरें उनके पास पहुँच चुकी थीं। पहले तो उन्होंने उन पर विश्वास नहीं किया, पर धीरे-धीरे उनके पास कई पुख्ता सबूत और नई वारदातों की खबरें आती रहीं।

मूषक को इसका कुछ अन्देशा था ही। इस बार उसने कुछ ऐसा वाग्जाल फैलाया कि महर्षि फिर एक बार उसकी बातों में आ गए। आखिरकार उन्होंने ही तो उसे इस स्तर पर लाया था। और फिर अब, जब वह भेड़िया बना ही है तो कुछ-न-कुछ भेड़िया-धर्म का पालन तो करना ही था। और फिर गलतियाँ किस जानवर से नहीं होतीं? महर्षि को तो उसने भूले से भी तंग नहीं किया था। बस अब वह आखिरी मौका ही तो माँग रहा है। आजीवन ऋणी रहेगा। बस, एक बार शेर बन जाए।

वही हुआ। इस बार कायाकल्प यज्ञ में महर्षि ने मूषक को शेर बना डाला। मूषक को मानो आसमान ठिगना पड़ने लगा। अब वह सारे जंगल पर अपना शासन चलाने के लिए स्वतंत्र था। शासन भी ऐसा-वैसा नहीं– निरंकुश शासन। और वही उसने चलाया भी। अब जंगल में किसी की भी खैर नहीं थी। मूषक की सत्ता और मनमानी धीरे-धीरे बढ़ने लगी।

वह दिन भी जल्द ही आ गया जब मूषक ने महर्षि के आश्रम को भी अपनी पहुँच से परे नहीं समझा। आश्रम के एक हिरण का पीछा करता-करता वह एक दिन आश्रम की सीमा के अन्दर प्रवेश कर ही गया।

घबराए हुए हिरण ने ध्यानस्थ महर्षि के कमरे में पनाह ली। मूषक कमरे में प्रवेश करने से हिचकिचाया। दरवाजे के पास खड़े होकर ही उसने दहाड़ मारी!

मतदाता का ध्यान भंग हुआ। आँखें खोली। सामने दहाड़ता शेर। पर उसकी ताड़ने वाली नजरों ने मूषक को पहचान लिया। प्रकट में मुस्कराकर संयत स्वर में उन्होंने पूछा, "क्या बात है मूषक?"

मूषक गुर्राया, "मुझे मूषक न कहें! मैं जंगल का राजा हूँ—शेर, और मैं इस हिरण का शिकार करने आया हूँ।"

"ओह, तो बात यहाँ तक आ गई!" महर्षि गम्भीर हो गए, "तुम्हें पता है, यह आश्रम का हिरण है।"

"आश्रम के हिरण पर भी मेरा अधिकार है।" मूषक गुर्राया, "मैं जंगल के गणतंत्र का राजा हूँ।"

"अपना अतीत भी भूल गए?" महर्षि ने पूछा, "तुमने तो बिल्लियों के, कुत्तों के और भेड़ियों के आतंक का, अत्याचार का, बुरे शासन का अन्त करने के वायदों से अपना कायाकल्प करवाया था; और आज तुम खुद अनाचार की प्रतिमूर्ति बन बैठे हो। अब भी वक्त है, होश में आओ।"

"मुझे उपदेश नहीं हिरण चाहिए।" मूषक दहाड़ा।

"अगर नहीं दिया तो?" महर्षि ने पूछा।

"तो समझो तुम अपने अन्त को बुलावा दे रहे हो।" मूषक ने पैर सिकोड़े और महर्षि पर छलाँग लगाते हुए दहाड़ना चाहा।

गुस्से से लाल महर्षि का हाथ उससे पहले ही हवा में उठ चुका था। उनके मुँह से शाप निकला, "पुनर्मूषको भव।"

यह क्या, मूषक के मुँह से न दहाड़ निकली, न गुर्राहट। न ही वह भौंका, न म्याऊँ कर पाया। हवा में तैरता हुआ उसका शरीर एक मूषक के रूप में बदल चुका था। महर्षि के कदमों में गिरते ही उसके मुँह से 'चीं-चीं-चीं' की आवाज निकलने लगी।

उसकी आँखों के सामने अपना सारा अतीत चलचित्र की भाँति तैर गया। वह कहाँ-से-कहाँ चला आया था और कहाँ वापस आ गया था। उसकी

अक्ल ठिकाने आ चुकी थी; पर इससे पहले कि वह महर्षि से दया की कोई विनती कर पाता, आँखों के एक कोने से उसने भूरी बिल्ली को अपनी ओर झपट्टा मारते हुए देखा।

'जान है तो जहान है।' सोचकर उसने भागने की कोशिश की; पर भूरी बिल्ली उससे भी तेज निकली। दो डगों में ही उसने मूषक की गर्दन नाप डाली। आँख बन्द किए वह मृत्यु की प्रतीक्षा करने लगा।

पर यह क्या? भूरी बिल्ली ने उसे दो-चार बार पंजों से उलटा-पलटा, सूँघा और पंजे के एक फटकारे से उसे आश्रम के बाहर फेंक दिया। हैरान मूषक का भाग्य था कि वह अपने बिल के पास ही गिरा था। कुछ आगा-पीछा सोचे बिना वह वापस अपने बिल में घुस गया।

कहानी सुनाने के बाद वेताल ने आम आदमी से पूछा, "हे आम आदमी, मुझे आश्चर्य है कि मूषक की जान बच कैसे गई! भूरी बिल्ली ने उसे पकड़ में लेने के बाद भी छोड़ कैसे दिया? अगर जान-बूझकर तुमने इस प्रश्न का उत्तर नहीं दिया तो तुम्हारे सर के टुकड़े-टुकड़े होकर मतदान कक्ष में फैल जाएँगे?"

आम आदमी ने फिर एक ठंडी साँस भरी और कहा, "वेताल, मुझे पता था कि तुम ऐसा सीधा सवाल ही पूछोगे। भूरी बिल्ली दरअसल मूषकों की जमात का ही एक हिस्सा थी। मूषक की सफलता से प्रभावित होकर मतदाता महर्षि के पास जाने वाले मूषकों में वह भी एक थी। पिछले कायाकल्प यज्ञ में महर्षि ने उसे बिल्ली बना डाला था। मूषक को उसने पकड़ा तो था, पर पकड़ने के पहले उसने देख लिया था कि कैसे वह शेर से मूषक बना है। और उसे वह भी याद आया कि यह तो मूषक से शेर बना था इसलिए उसे पकड़ने के बाद बिल्ली का विचार बदल गया। उसे एहसास हुआ कि एक दिन उसकी हालत भी शायद ऐसी ही हो। फिर हो सकता है, वह भी किसी बिल्ली की पकड़ में आ जाए। सो उसने मूषक को छोड़ देना ही उचित समझा। सहानुभूति और स्वार्थ के इस मिश्रण ने ही हारे हुए मूषक की जान बचाई। भविष्य में भी हारे हुए अनाचारी शेरों की जानें इसी तरह बचती रहेंगी। उनकी जगह लेने वाले ही उनकी जान बचाएँगे।"

"बहुत अच्छे! हे आम आदमी, तुम्हें गणतंत्र की अच्छी समझ है।" वेताल ने कहा। पर चूँकि आम आदमी का मौन भंग हो चुका था, वह वापस उड़कर मतदान केन्द्र की छत पर जा बैठा। आम आदमी ने एक हसरत भरी नजर उस पर डाली और अपना वोट डालने के लिए लाइन में आ लगा।

फाइल की शादी

आम आदमी ने एक ठंडी साँस ली। उसने सचिवालय की छत पर चिपके वेताल के शव को उतारा और अपने दफ्तर की ओर चल पड़ा। वेताल ने उसके जीवट और लगन की मन-ही-मन प्रशंसा की; पर प्रकट में उससे कहा, ''हे आम आदमी, न जाने वह कौन-सा उद्‌देश्य है जिसके लिए तुम इतना सारा कष्ट उठा रहे हो! पर मुझे लगता है कि तुम 'मेरे मन कछु और है, कर्ता के कछु और' वाली कहावत से परिचित नहीं हो। इस विधान से तो महर्षि कण्व तक छूट नहीं पाए, फिर तुम किस खेत की मूली हो? खैर, तुम्हारी थकान को मिटाने के लिए मैं तुम्हें वह किस्सा सुना ही दूँ।''

किस्से का नाम सुनकर आम आदमी दुखी हो गया और मन-ही-मन बोला, 'कण्व किससे छूटे या नहीं छूटे, पता नहीं, मगर मैं तुम्हारे किस्सों से शायद नहीं छूट पाऊँगा!' पर प्रकट में वह चुप रहा। वेताल ने कहानी सुनाना आरम्भ किया।

शकुन्तला की शादी के बाद कण्व ऋषि उदास हो गए थे। राजा दुष्यन्त जब से उसे और भरत को हस्तिनापुर ले गए तब से आश्रम सूना-सूना-सा लगने लगा था। पत्नी के लाख समझाने पर भी कि उनके जैसे ऋषि को यह मोह शोभा नहीं देता, उन्हें खुद पर काबू पाने पर काफी समय लगा था। बाद में तो उन्होंने हस्तिनापुर में ही अपने आश्रम की शाखा खोल ली और अवकाश के दिन वहाँ गुजारने लगे थे। कुरु वंश से लेकर प्रजातंत्र तक हर दौर उन्होंने देखा था।

प्रतिदिन की तरह आज भी वे सुबह के स्नान के लिए यमुना नदी की ओर चले। आज घाट की सीढ़ियों पर घुप्प अँधेरा था। उन्होंने आस-पास

देखा और बुदबुदाए, 'फिर वहाँ बिजली की कटौती! पता नहीं डेसू वाले कब सुधरेंगे!'

सँभल-सँभलकर घाट की सीढ़ियाँ उतरते वक्त उनका पैर किसी वस्तु से टकरा गया। महर्षि को लगा कि उन्होंने नवजात कंठ की एक

हल्की-सी, कराह सुनी है। हड़बड़ाए से वह झुके और उसे उठाया, तभी बिजली आ गई।

हैरान कण्व ने देखा कि उनके हाथ में कोई जीव नहीं, बल्कि एक फाइल थी—सरकारी फाइल। फिर वह नवजात कंठ की कराह? शायद वह मन का वहम हो, फिर भी उन्होंने उसे खोलकर देख ही लिया।

कण्व ने हजारों वसन्त देखे थे, सो आश्चर्य उन्हें अब शायद ही कभी होता था। फाइल पढ़कर एक मुस्कान उनके चेहरे पर तैर गई। किसी अफसर ने एक बड़ी खरीदारी के मामले में धाँधली की थी। उसके सबूत मिटाने के लिए उसने यह फाइल गायब करने का प्रयास किया होगा। हड़बड़ाहट में फेंकी गई फाइल यमुना की गोद में न गिरकर घाट की सीढ़ियों पर गिरी थी।

अनमने भाव से कण्व ऋषि ने फाइल को सीढ़ियों पर रखा और स्नान करने बढ़े। उन्हें फिर लगा कि उन्हें नवजात कंठ का कुनमुनाना सुनाई दिया।

स्नान के दौरान न जाने क्यों फाइल को लगी ठोकर और नवजात कंठ की कराह उनके मन में बार-बार कौंध रही थी। फिरा अतीत की टीस उनके मन में उठने लगी। महर्षि विश्वामित्र भी तो मेनका के नवजात शिशु को इसी तरह छोड़कर चले गए थे। उस नवजात शिशु को भी तो पाल-पोसकर कण्व ने ही बड़ा किया था।

नवजात कंठ की कराह, फाइल हाथ में उठाते ही बिजली का आ जाना, कहीं विधि का यह कोई संकेत तो नहीं? यह विचार बिजली की भाँति उनके मन में कौंध गया।

सीढ़ियों से वापस गुजरते समय उन्होंने फाइल उठा ली। फाइल भी नवजात ही थी। न जाने किसी मंत्रालय में कैसे-कैसे बढ़ती, परवान चढ़ती। अपने पाप को छिपाने के लिए न जाने किस दुष्ट ने उसे फेंका था। कण्व ने मन में एक संकल्प किया।

आश्रम के द्वार पर कण्व को देखकर पत्नी चौंकी। हाथ में नवजात बालक! "इसे कहाँ से उठा लाए आप?" उन्होंने प्रश्न किया।

कण्व मन्द-मन्द मुस्कराए, ''देखो भागवान, कितनी सुन्दर कन्या है! बिल्कुल शकुन्तला की तरह!''

पत्नी मन-ही-मन आशंकित हुई, ''कन्या का पालन-पोषण तो कलियुग में और भी बड़ी समस्या है। किसे पता यह अवांछित पाप कहाँ का है!'' खैर, पति की इच्छा शिरोधार्य थी, सो उन्होंने कन्या को गले लगा लिया।

आश्रम में अब किलकारियाँ फिर से गूँजने लगीं, नवजात बालिका चन्द्रमा की कलाओं की तरह बढ़ती गई। दिन कैसे बीते, पता ही नहीं चला। वेदाध्ययन में रत कण्व ने एक दिन देखा, पत्नी सामने कमर पर हाथ धरे खड़ी है, ''क्या बात है, प्रिये!'' उन्होंने जिज्ञासावश पूछा।

''आपको दीन-दुनिया की कुछ खबर भी है?''

''क्यों, क्या हुआ?'' उन्होंने पूछा, ''पहेलियाँ क्यों बुझा रही हो?''

''कुछ हुआ नहीं है, यह गनीमत है। कभी चंचला की ओर देखा भी है? अब वह बड़ी हो गई है। शादी लायक! उसके लिए कोई वर ढूँढ़िए?''

''ओह!'' कण्व मुस्कराए, ''ढूँढ़ लेंगे, ढूँढ़ लेंगे, ढूँढ़ लेंगे। जल्दी क्या है?''

''लो सुनो, जल्दी क्या है। देखो जी, पिछली दफा जैसा गांधर्व-विवाह वाला चक्कर मुझे नहीं चाहिए। राजा दुष्यन्त का बर्ताव याद है न?''

''हाँ, वैसा चक्कर तो नहीं होने दूँगा।'' कण्व गम्भीर हो गए, ''इस बार मैं स्वयं वर ढूँढूँगा। ऐसा वर जो सबसे ताकतवर हो, गुर्दे वाला हो। अब राजे-महाराजे तो रहे नहीं, पर क्यों न किसी मंत्री को पकड़ूँ!''

चंचला को लेकर कण्व वर-अनुसन्धान को निकल पड़े। पहला पड़ाव था मंत्री जी का कक्ष।

कण्व ऋषि की बात सुनकर मंत्री सकपकाए, ''ऋषिवर, आपकी इच्छा सुनकर मैं तो कृतार्थ हो गया। ऐसी सुशील और लावण्यमयी कन्या का प्रस्ताव मेरे लिए तो गौरव की बात है, पर...''

"पर क्या?" कण्व ने कहा, "आप जैसा सामर्थ्यवान वर और कहाँ मिलेगा? आपकी भृकुटि से सत्ता चलती है, आप जनता के प्रतिनिधि हैं।"

"वह सब तो ठीक है ऋषिवर, परन्तु प्रश्न यही है कि हमारी सत्ता क्षणभंगुर है, अस्थायी है, अल्पायु है। क्या आप इस सुन्दर षोडशी के लिए अल्पायु सत्ता वाला पति पसन्द करेंगे?"

"मंत्री महोदय का कथन ठीक ही है पिताश्री।" चंचला ने कहा। उसे भी न जाने क्यों कक्ष में अनमना-सा लग रहा था। उसके इतने स्पष्ट कथन ने कण्व को विवश किया। "फिर आप किस चिरायु का नाम सुझाएँगे मंत्रिवर?" उन्होंने पूछा।

"अवश्य ही सचिव का। विभाग के सचिव का।" मंत्री बोले, "सच्ची सत्ता और पहुँच तो उन्हीं हाथों में केन्द्रित रहती है। हम लोग तो दस्तखत के काम आते हैं।"

सचिवालय के गलियारों में घुसकर चंचला को लगा कि जगह कुछ जानी-पहचानी है। वह गौर से इधर-उधर देखने लगी।

सचिव जी से साक्षात्कार के लिए कण्व को ज्यादा इन्तजार नहीं करना पड़ा। सचिव ने उनकी अगवानी की, अभिवादन किया; चंचला की ओर एक नजर भर डाली और कण्व की ओर मुखातिब हुए, "मुनिवर, कैसे कष्ट किया?"

मुनिवर के कष्ट का कारण सुनकर वह भी सकपकाए। मंत्री जी को मन-ही-मन कोसा। बोले, "मुनिवर, मैं धन्य हुआ जो आपने मुझ पर इतनी आस्था रखी और मंत्री महोदय ने मुझ पर इतना विश्वास प्रकट किया; पर आप बुजुर्ग हैं, अब आपसे क्या छिपाऊँ?"

"छिपाने की कोई बात नहीं है।" कण्व ने कहा, "आप बिना झिझके अपने मन की बात बता डालें।"

"मुनिवर, अब मैं ऐसी वयःसीमा पर पहुँच गया हूँ जहाँ मन लाख मान भी जाए, पर शरीर साथ नहीं देता। और फिर आजकल इस पद तक आते-आते हमारी निवृत्ति में भी चन्द महीने ही रह जाते हैं।"

पर वह कण्व की व्यथा समझते थे। पिछले साल ही उन्होंने अपनी लड़की की शादी के लिए क्या-क्या पापड़ नहीं बेले थे। उन्होंने अपनी राय

दी, ''सत्ता, रोब और उम्र का सही सन्तुलन आजकल डायरेक्टर के स्तर पर जा चुका है। बेहतर होगा, आप डायरेक्टर से मिल लें।''

कण्व लड़की के पिता थे! चल पड़े डायरेक्टर से मिलने। चंचला को सारा माहौल किसी भूले अतीत की याद दिला रहा था।

डायरेक्टर कण्व से तुरन्त मिले। सोफे पर बैठाया। कॉफी मँगवाई। चंचला को भरपूर नजर से नखशिखान्त देख डाला और कण्व की ओर मुखातिब होकर उनके कष्ट का कारण पूछा। कारण सुनकर वह गम्भीर हो गए। मन-ही-मन सचिव को गालियाँ भी दीं। पर उन्होंने चंचला को गौर से निहारा भी था। उनकी स्वसंरक्षक उत्सुकता जाग्रत हुई थी। सत्ता के गलियारे में टिके रहने के लिए आवश्यक है कि हर जानकारी को बटोरते रहो। फिर बोले, ''ऋषिवर, ऐसा अहम निर्णय तो सारे पहलुओं का गौर से अध्ययन करने के बाद ही किया जा सकता है। ऐसे मुआयने के लिए थोड़ा समय भी लगेगा।''

चंचला चिहुँकी। 'सारे पहलुओं का मुआयना' जैसे शब्द प्रयोग ने उसे बेचैन कर डाला। उसकी ओर गौर से निहारते डायरेक्टर फरमा रहे थे, ''वैसे हमारे सेक्शन अफसर से मिल लें। वह सारे मामले पर एक नोट प्रस्तुत करेंगे। पर क्या आपने अपनी कन्या से इस मामले में बात की है?''

चंचला ने कुहनी से कण्व ऋषि को टहोका मारा, दोनों ने डायरेक्टर से विदा ली। कमरे से बाहर जाते-जाते भी चंचला को लगा कि डायरेक्टर की पैनी निगाहें उसे पीछे से निहार रही हैं। बाहर आकर उसने पिता को मन की बात कह ही डाली, ''पिताश्री, मुझे यह आदमी अच्छा नहीं लगा, लगता था कि उसकी पैनी निगाहें मेरे सारे अंगों को आर-पार परख रही थीं, और मेरा मन न जाने क्यों बार-बार कह रहा है कि हमारी समस्या का हल यहीं कहीं निकट है।''

कण्व के चेहरे पर एक मुस्कान दौड़ गई। वह चंचला के साथ सेक्शन अफसर के कमरे में पहुँचे।

चार सेक्शन अफसर एक ही कमरे में बैठते थे; पर हमेशा की तरह एक छुट्टी पर, एक मीटिंग में और एक फाइल लेकर सचिव के पास गए

हुए थे। कण्व ने चौथे सेक्शन अफसर को सारी बातें बताईं और अनुरोध किया कि वह कन्या के पाणिग्रहण के प्रस्ताव पर खुद विचार करे।

सन्तोष की एक मुस्कान सेक्शन अफसर के चेहरे पर दौड़ गई। डायरेक्टर हो तो ऐसा। हर प्रस्ताव पर नोट मेरे स्तर से ही आरम्भ करवाता है–कन्या का वरण हो तो भी। अच्छा है, कण्व भी जान गए कि सत्ता सही रूप से किसके हाथ में है। देखा है कहीं और ऐसा विकेन्द्रीकरण! उन्होंने चंचला की ओर देखा। वह थोड़ा सकुचा गई और अँगूठे से धरती कुरेदने लगी। सेक्शन अफसर मुग्ध हो गए। पर कण्व की उपस्थिति का अहसास उन्हें था। अब उन्हें कैसे कहते कि कन्या को अध्ययन हेतु यहाँ छोड़ जाएँ। वैसे भी सारे पहलुओं की बारीकी से जाँच तो वह खुद भी नहीं करेंगे। वह तो उनके सहायक को करनी है; पर यह बात ऋषि को बताने से मामला बिगड़ सकता था। तभी फोन की घंटी बजी। उन्होंने लपककर फोन उठाया तो दूसरे छोर पर डायरेक्टर थे। ''जी सर, हाँ सर, वह तो लिपिक कुमार जी ने विस्तार से अध्ययन किया था, सर। हाँ जी, उसे अभी बुलवा देता हूँ सर, यस सर।''

जो वह नहीं बता रहे थे, चंचला की छठी इन्द्रिय ने ताड़ लिया था। उसने कण्व के कान में धीमे स्वर में कहा, ''पिताजी, मैं इनके साथ खुश नहीं रह पाऊँगी क्योंकि यह मुझसे सिर्फ सतही सम्बन्ध ही रख पाएँगे।''

इधर कण्व उसकी बात समझने का प्रयास कर रहे थे, उधर सेक्शन अफसर ने घंटी बजाई और लिपिक कुमार को बुलावा भेजा।

लिपिक कुमार अपने डेस्क पर बैठा पान पराग चबा रहा था। चपरासी ने जब बुलावा दिया, वह एक फाइल का बारीकी से अध्ययन कर रहा था। उसने सावधानी से फाइल बन्द की। अलमारी में उसे सहेजकर रखा और सेक्शन अफसर के कमरे में पहुँचा।

''यार, डायरेक्टर तुझे खोज रहा था। वो जो फाइल थी न परसों वाली, वह सेक्रेटरी के पास गई। तूने तो बड़ी तगड़ी एनालिसिस मार दी। बस, अब तू ही जाकर समझा आ डायरेक्टर को।''

''कोई बात नहीं जी। अभी समझाए देते हैं।'' लिपिक कुमार ने आत्मविश्वास से कहा, ''फाइल तो आखिर हमारी जान है।'' सहसा उसकी

नजर कण्व ऋषि और चंचला पर पड़ी। चंचला उसे एकटक देख रही थी। अचानक उसे एहसास हुआ कि न सिर्फ लिपिक कुमार बल्कि सेक्शन अफसर और कण्व भी उसकी ओर देख रहे हैं।

उसके कपोलों की लालिमा, झुकी आँखें, धरती को कुरेदते अँगूठे, आँचल से खेलती उँगलियाँ और तेज साँसों ने कण्व को सब कुछ बता दिया। सेक्शन अफसर भी समझदार थे। खेल–भावना भी रखते थे। मौन तोड़ते हुए कण्व से बोले, ''लो बाऊजी, आपकी समस्या तो सुलझ गई।''

वात्सल्य और शरारत के मिले–जुले भाव से कण्व ने पूछा, ''बेटी, क्या वाकई समस्या सुलझ गई?''

चंचला ने रूठने का अभिनय किया, ''धत् पिताजी!''

लिपिक कुमार भकुआया–सा तीनों को देख रहा था।

कहानी सुनकार वेताल ने आम आदमी से पूछा, ''हे आम आदमी! क्या चंचला के चयन पर तुम्हें आश्चर्य नहीं हो रहा? डायरेक्टर और सेक्शन अफसर जैसे पदाधिकारियों को उसने क्यों नकारा और लिपिक कुमार जैसे सहायक पर क्यों रीझ गई? अगर जान–बूझकर तुमने मेरे प्रश्नों का उत्तर नहीं दिया तो तुम्हारे सर के उतने ही टुकड़े हो जाएँगे जितनी कि एक विभाग में फाइलें होती हैं।''

आम आदमी ने ठंडी साँस भरी और कहा, ''हे वेताल! मुझे पता था कि तुम ऐसा ही सीधा सवाल पूछोगे। चंचला को कण्व ने भले ही मानव रूप दिया हो, पर थी वह अन्ततः एक फाइल। सो अपने अतीत से पूरी तरह मुक्त तो हो नहीं सकती थी। लिपिक और फाइल का सम्बन्ध तो अन्योन्याश्रित है। फाइल ही क्लर्क को उसकी सारी शक्ति प्रदान करती है। सो वह उसे यत्न से सँभालकर रखता है। फाइल नहीं तो क्लर्क कुछ नहीं और क्लर्क नहीं तो फाइल भी कुछ नहीं। अतः लिपिक कुमार के प्रति उनका अनुराग स्वाभाविक था।

''रही डायरेक्टर और सेक्शन अफसर की बात। तो ये दोनों ही फाइल का महज इस्तेमाल करते हैं, उससे कोई भावनात्मक सम्बन्ध नहीं बनाते। यही वजह थी कि चंचला ने 'सतही सम्बन्ध' की बात कही।

"जहाँ एक डायरेक्टर का सवाल है, वही एक पदाधिकारी है जो फाइल को अथ से इति तक जाँच कर ऊपर भेजता है। उसके ऊपर जो भी स्तर है वह नाम तो खुद कमा लेता है, पर दोष इसके सर मढ़ता है। अतः फाइल को पैनी दृष्टि से देखना उसकी नियति है। इसलिए चंचला उसकी नजर से इतना असहज हो गई थी और उसे नकार डाला।

"अन्ततः चंचला का निर्णय सही था। उसने अपने लिए जो वर चुना वह योग्य और उपयुक्त था।"

"बहुत अच्छे।" वेताल ने कहा। पर चूँकि आम आदमी का मौन भंग हो चुका था, अतः वह उड़कर वापस सचिवालय की छत पर जा चिपका। आम आदमी ने उसकी ओर एक उचटती निगाह डाली और घर जाने के लिए चार्टर्ड बस की कतार में जाकर खड़ा हो गया।

कुम्भकर्ण फिर सो गया है

कुम्भकर्ण फिर सो गया है। हर साल यह क्रम चला आ रहा है। फरवरी-मार्च के महीने में वह जम्हाइयाँ लेता हुआ उठता है और अप्रैल-मई के महीने में फिर सो जाता है—अगले मार्च तक। लंका चलाने वाले भी खुश हैं। उनका सोना कुम्भकर्ण के सोने की वजह से न सिर्फ बरकरार है वरन् बढ़ता भी रहता है, निरन्तर। क्यों न हो, आखिर लंका सोने की है और जब तक सोना लंका में मौजूद है, ठीक है। वह लंका चलाने वालों के हाथों में जमा हो रहा है या लोगों के पास है, इससे कुम्भकर्ण को कोई फर्क नहीं पड़ता। उसे उसके हिस्से का भोग मिलता रहे, वह तृप्त और सन्तुष्ट रहे—बस बात खत्म।

हर साल का सिलसिला। फरवरी तक हर कोई आराम फरमाता रहता है। हर विभाग, चाहे वह सूचना और जनसम्पर्क हो, सिंचाई या लोक-निर्माण हो, ग्रामीण पुनर्गठन हो, आपूर्ति हो, हर कोई जामुन के पेड़ के नीचे आऽऽ किए लेटा रहता है। कागजों पर काफी युद्ध चलता है। योजनाएँ बनती हैं—बहस-तकरीरें होती हैं, राजधानियों के दौरे होते हैं, पत्रकारों और विधायकों की सहायता ली जाती है। सबका उद्देश्य एक ही होता है—अधिकतम अलॉटमेंट। जो जितना ज्यादा अलॉटमेंट पाएगा उतना ज्यादा खाएगा। उसकी ताकत बढ़ेगी, स्टेटस बढ़ेगा अन्य विभागों की अपेक्षा। सो हर कोई लगा रहता है नए-नए कामों को अपने हाथों में लेने के लिए। नई तकनीकें, नए शब्द, नए विशेषज्ञ और साम्राज्य बढ़ता जाता है, साथ-साथ झगड़े भी—गायों और बैलों के लिए चारे के पेड़ लगाने का काम कौन करेगा? वन-विभाग, कृषि-विभाग या पशु-विभाग? या फिर मृदा-संरक्षण या हॉर्टिकल्चर-विभाग क्यों नहीं? ये पेड़ वन्य श्रेणी के हैं या नहीं? अगर हैं भी तो उन्हें लगाने से मिट्टी के स्खलन को रोका जा सकता है या नहीं?

लेकिन भाई, आप लोग तो जहाँ पशु नहीं हैं वहाँ पेड़ लगाएँगे, जहाँ हैं वहाँ लगाएँगे नहीं। जबकि हम जानते हैं कि चारे की जरूरत कहाँ है, सो पेड़ लगाने का काम हमारे विभाग का होना चाहिए। यह विवाद जारी रहता है। बाहर से देखने वाले को आश्चर्य होगा, काम के प्रति इतनी दिलचस्पी? पर सही वजह यही है कि जो जितना पाएगा, उतना खाएगा। अमुक काम ब्लॉक वाले करेंगे या लघु सिंचाई वाले, घरों का रख-रखाव लोक-निर्माण वाले करेंगे या अपने-अपने विभाग, यह प्रश्न बेमानी है। 'वे लाभ उठाएँगे या हम' यही सही प्रश्न है।

साम्राज्य विस्तार का यह ज्वार फरवरी आते-आते थम जाता है, दो महीनों के लिए। इन दो महीनों में सारी अलॉटमेंट पा लेनी है और पाकर खर्च करनी है।

फिर एक विराट् अभियान शुरू हो जाता है, कुम्भकर्ण को जगाने का। अलॉटमेंट के लैप्स होने का खतरा लंका चालकों के सर पर मँडराना शुरू हो जाता है। 31 मार्च नाम की खतरनाक सीमा रेखा और भी खतरनाक होती नजर आती है। अगर अगले दो महीनों में सारे पैसे खर्च न हुए तो वे लैप्स हो जाएँगे। हे कुम्भकर्ण! फिर हमारे सोने का क्या होगा? इन दोनों महीनों में बारह महीनों का काम पूरा करना है। तुम अँगड़ाई लो और उठो। हमारे नाम पैसे अलॉट करो, फिर देखो, हम तुम्हारे भोग-नैवेद्य का पूरे साल इन्तजाम कैसे कर लेते हैं। तुम जो भी दो, हम 31 मार्च के पहले खर्च कर देंगे। इसमें हमारा हित है और तुम्हारा भी। तुम पहले उठो तो।

बड़े-बड़े ढोल, नगाड़े, शंख इत्यादि जमा किए जाते हैं। सारे विभागीय पुरोहित आवाहन करते हैं कुम्भकर्ण का। यह जो तुमुलनाद होता है वह सारे तंत्र में व्याप्त हो जाता है; पर कुम्भकर्ण नहीं जागता, उसे जगाना इतना आसान नहीं।

दरअसल वह कभी पूरा सोता नहीं। उसकी एक आँख, मुँह और मुट्ठी हमेशा ही खुली रहती है। पुरोहितों को यह मालूम रहता है, इसीलिए तो वे साल भर कुम्भकर्ण के खुले मुँह में कुछ-न-कुछ नैवेद्य डालते रहते हैं। उसकी खुली ठंडी मुट्ठी को गरम करते रहते हैं और वह अपनी एक खुली आँख से सारा मामला नोट कर७ता रहता है। जो उसे जैसा भजता है वह उन्हें वैसा ही फल देता है। उसे मिलने वाले नैवेद्य की क्वालिटी और क्वांटिटी पर पुरोहितों को मिलने वाली अलॉटमेंट निर्भर करती है। वह अलॉटमेंट जितनी देरी से मिलेगी उतनी जल्दबाजी में पैसे खर्च होंगे और जितनी जल्दबाजी में पैसे खर्च होंगे, नैवेद्य उतना ही बढ़िया और प्रचुर मात्रा में आएगा। उसी नैवेद्य पर फिर अगले साल की अलॉटमेंट निर्भर करेगी।

एवं प्रवतितं चक्रं...। प्रशासन-तंत्र का यह अमिट नियम है। जो इसके अनुसार चलता है वह मोक्ष को प्राप्त करता है और जो मूढ़ इसके विपरीत चलने की कोशिश करता है वह नष्ट हो जाता है। लक्ष्मी उससे रूठ जाती है।

मन्दमति ने सूत ऋषि से पूछा, "मुनिवर, वह कैसे?"

मुनि बोले, "बेटे मन्दमति, प्रशासन-तंत्र में हर बात के लिए जाँच और निगरानी की कागज पर पूरी-पूरी व्यवस्था है। अतः साधक के लिए उचित है कि वह इन नियमों से परे चला जाए। अब देखो, यदि काम नियमित रूप से हो तो वर्षा ऋतु के बाद से ही हर किसी को काम में लग जाना पड़ेगा। उस हालत में सारी निगरानियाँ, जाँच-पड़ताल वगैरह भी करीब-करीब उसी समय से शुरू हो जाएँगे और काम में घोटाला करने की सम्भावना उतनी ही कम हो जाएगी। वही काम अगर सिर्फ दो महीनों में हो तो फिर किसे इतनी फुर्सत है कि माप-जोख करे। चेक मेजरमेंट के नाम पर फिर ऑफिसों में बैठे-बैठे दस्तखत होते हैं। रास्ते की लम्बाइयाँ, मुरुम के सतह की मोटाई, खोदे गए तालाब की गहराई, सारी चीजें घर में बैठे-बैठे नाप ली जाती हैं। चारों ओर एक विश्वास का वातावरण व्याप्त हो जाता है। ठेकेदार की बात पर मातहत विश्वास कर लेता है, मातहत की बात पर अफसर और उसकी बात पर आला अफसर।"

देखते-ही-देखते दो महीनों में ढेर सारे रास्ते, नहरें, तालाब, मकान बनकर खड़े हो जाते हैं। एक ही रास्ते पर तीसरी बार काम होता है। तालाब के लिए खोदी गई मिट्टी की माप एक बार तालाब के काम के लिए, एक बार रास्ते के काम के लिए तो एक बार नहर के लिए हो जाती है। एक तीर में दो-तीन शिकार। चूँकि तीनों काम अलग-अलग विभागों द्वारा होते हैं, अतः तीन अलग-अलग अफसर भी उसी मिट्टी का चेक मेजरमेंट कर खुश-सन्तुष्ट और आश्वस्त हो चले जाते हैं। अक्सर चेक होते-होते वर्षा ऋतु आ जाती है और जाहिर है कि वर्षा के कारण रास्ते पर पड़ी मिट्टी धुल जाती है। मुरुम की छह इंच की तह दबकर एक इंच रह जाती है और तीन किलोमीटर का रास्ता घटकर दो किलोमीटर हो जाता है।

हर किसी को पता रहता है कि मार्च आ गया है। दीवार पर रंग देने वाले खुश हैं कि मार्च आ गया—अब हर जगह रंग की एक सतह देकर दो सतहों के पैसे मिलेंगे। दुकानदार खुश है कि मार्च आ गया—जो भी माल है बिक जाएगा, क्वालिटी चाहे जो भी हो। आखिर सरकार को खर्च तो करना ही है। परदों के कपड़े से लेकर कागज-स्याही इत्यादि-इत्यादि। यहाँ तक

कि पुस्तक-विक्रेता भी खुश हैं। लाइब्रेरी वाले धड़ाधड़ किताबें खरीदे जा रहे हैं क्योंकि 31 मार्च से पहले पैसे खर्च करने हैं। फिर अगर दोस्तोवस्की, निर्मल वर्मा, प्रेमचन्द न मिल रहें हो तो न सही। फिर हेराल्ड रॉबिस और फिल्मी दुनिया भी चलेंगे। 'अमुक पुस्तक ले जाइए साहब, बढ़िया है।' 'अच्छा भई, दे दे।' अप्रैल तक तो इन्तजार नहीं हो सकता है। हर खर्च अन्धाधुन्ध हो जाता है। 31 मार्च का बुखार सबको चढ़ता है। सोचने की न फुर्सत किसी को होती है, न जरूरत। जरूरत इसलिए नहीं होती कि समझदार इसी बेतहाशा दौड़ में अपना-अपना हिस्सा अलग करते आते हैं। मुँह से नाराजगी का उद्घोष चलता रहता है। 'क्या करें साहब, मार्च का प्रेशर इतना ज्यादा है कि बस।' दूसरी ओर उसी प्रेशर से फायदा उठाया जाता है। उसी फायदे में कुम्भकर्ण का भोग भी लगता है।

यह एक खुला रहस्य है जो सभी जानते हैं, तूती बजाने वाले के सिवाय। तूती बजाने वाला, जो प्रशासन-तंत्र में मिसफिट हैं, जो हमेशा आश्चर्य करता रहता है कि खर्च-मंजूरी अप्रैल-मई में ही क्यों नहीं आ जाती ताकि अगले दस महीनों में काम हो, वह कुम्भकर्ण को नैवेद्य चढ़ाने में विश्वास ही नहीं रखता। उसका विरोध भी करता है। वह अप्रैल से ही कुम्भकर्ण के कान के पास तूती बजाता रहता है। सारे विभागीय पुरोहित उस पर न सिर्फ हँसते हैं, उसके विचित्र दर्शन का मजाक उड़ाते हैं। उसके साथ काम करने वाले नाखुश हैं, क्योंकि लक्ष्मी उनसे भी रूठ जाती हैं। तूती बजाने वाले के लड़के म्युनिसिपल स्कूल में चाहें तो पढ़ें, पर हमारे बच्चे क्यों पढ़ें?

कुम्भकर्ण को भी हँसी आती है तूती वाले पर। इस कम्बख्त के हिसाब से चलें तो मेरा नैवेद्य—स्त्रोत ही सूख जाए। फिर तंत्र टिकेगा कैसे, लंका चलेगी कैसे? अगर अलॉटमेंट समय पर दे दी जाए तो हमारी आराधना कौन करेगा, हेड-ऑफिस कौन दौड़ेगा? सारे कामों को चेक करने के लिए अगर पर्याप्त समय मिलेगा तो मार्जिन कहाँ बचेगा, भोग-सामग्री कहाँ से मिलेगी? माना कि नियम-कानून बने हैं, नैतिकता का तकाजा अलग है, पर नियम-कानून के हिसाब से आजकल कौन चल पाता है?

पर वह दर्शन तूती वाले के पल्ले नहीं पड़ता। वह तूती बजाने में व्यस्त रहता है। कभी-कभी तूती की आवाज जब ज्यादा तेज हो जाती है, कुम्भकर्ण

खर्च के लिए कुछ पैसे मंजूर कर देता है। कई बार तूती वाले को कुछ अधिक मुगालता हो जाता है अपने बारे में। वह तूती की आवाज और तेज कर देता है। झुँझलाकर कुम्भकर्ण करवट लेता है और गर्दन दबोचकर तूती वाले का ट्रांसफर कर देता है—अपने कानों से कहीं दूर, जहाँ से तूती की आवाज सुनाई न दे। आमतौर पर उसकी नौबत नहीं आती क्योंकि जनवरी-फरवरी आते ही ढोल-नगाड़े, मँजीरे और शंखों की कर्णप्रिय ध्वनि में और आराधना के स्वरों में तूती की आवाज डूब जाती है।

बिरले कभी-कभी कुम्भकर्ण को उसका विवेक कचोटता है—बहुत धीमे। पर क्या करे? वह व्यवस्था के प्रवाह को बदल नहीं सकता है। लंका चलाने वाले अगर नाराज हो गए तो सारा तंत्र ही ठप्प हो जाएगा, पुरोहित लोग शायद उसे बदल दें। शायद क्रान्ति भी हो जाए—सामाजिक ही सही। इतने बड़े खतरे के लिए कुम्भकर्ण तैयार नहीं है। दरअसल कुम्भकर्ण अब पुरोहितों की गिरफ्त में हैं और पुरोहित कुम्भकर्ण की और लंकावासी इन दोनों की।

31 मार्च बीत जाता है। उसका हैंगओवर कुछ दिनों तक बरकरार रहता है। लंका चलाने वाले अपना सोना गिन-गिन खुश होते हैं और कुम्भकर्ण अपना। सब फिर अगले वर्ष की सम्भावनाओं से आश्वस्त हो खुश-खुश आराम फरमाने में लग जाते हैं। तूती वाले पर एक हिकारत की नजर डालता हुआ कुम्भकर्ण फिर सो जाता है, अगली फरवरी तक।

कल्कि अवतार

आम आदमी ने ठंडी साँस ली, वेताल के शव को संसद भवन की छत से उतारा और सचिवालय की ओर चल पड़ा। वेताल ने उसकी जीवट की सराहना की पर प्रकट में उससे कहा, "हे आम आदमी! तुम पता नहीं किस उद्देश्य से इस कठिन तपस्या में जुटे हुए हो। पर कई बार ऐसा भी होता है कि तुम जो हासिल करना चाहते हो, उसे तुमसे पहले ही कोई और हासिल कर रहा होता है। स्वयं भगवान विष्णु ऐसी सम्भावना से बच नहीं पाए। चलो, तुम्हारा समय काटने के लिए मैं वह कथा सुना ही दूँ।"

आम आदमी मन-ही-मन झल्लाया। पर मजबूर था—आम आदमी जो ठहरा। वेताल ने कहानी आरम्भ की।

क्षीरसागर में प्रभु आराम से शेषशय्या पर सोए हुए थे। इस बार की नींद काफी लम्बी खिंची। शेषनाग भी उकता गए थे। पहले जब प्रभु अवतार लिया करते थे तो कुछ वर्षों के लिए छुट्टी तो मिला करती थी। इस बार पता नहीं क्या हो गया है। अरसा हुआ, अवतार लेने का नाम नहीं। उधर कलियुग बीता जा रहा है। नारद मुनि भी आजकल नजर नहीं आते।

नारद मुनि का नाम लेते ही वे हाजिर हो गए। वीणा के तार झंकृत हुए, खड़ाऊँ खड़की। शेषनाग ने श्रद्धा से नमस्कार किया, "मुनिवर, मैं आप ही के बारे में सोच रहा था।" मुनि मुस्कराए, "नारायण! यही समस्या तो मुझे भी खाए जा रही है। समय रहते ही प्रभु अवतार ले लें तो अच्छा हो। वैसे भी इस मन्वन्तर का अन्तिम अवतार ही बचा है। मैं तो उन्हें उनके अपॉइंटमेंट के बारे में याद दिलाने ही आया था।"

वीणारव ने प्रभु की नींद हल्के से खोल दी। नारद ने साष्टांग प्रणाम किया। प्रभु ने कुशल-क्षेम पूछा। नारद ने उन्हें याद दिलाया कि उनके अवतार लेने का समय बीता जा रहा है।

प्रभु मुस्कराए, 'वह तो जो जाएगा, मुनिवर! पर आप यह तो बताएँ कि मृत्युलोक में, खासकर ब्रह्मावर्त में परिस्थिति कैसी चल रही है।''

''प्रभु से क्या छिपा है! पर आप जब पूछ ही रहे हैं, तो ब्रह्मावर्त में आजकल गणतंत्र चल रहा है गणतंत्र।''

''गणतंत्र तो कई तरह का होता है, मुनिवर! इस गणतंत्र के क्या उसूल हैं? जिस युग में मैं जन्म लेता हूँ उसके उसूलों पर तो मुझे भी चलना पड़ता है।''

''अब आप प्रत्यक्ष ही देख लें, प्रभु! पर एक उसूल तो बिल्कुल सीधा है। पिछली सरकार ने जो किया, नई सरकार उसका ठीक उलटा करती है। तो आपने भी प्रभु, पिछले अवतार में जो किया उसका ठीक उलटा करें तो उचित रहेगा।''

''ठीक है।'' प्रभु विचारमग्न हुए, ''वह कैसे करें?''

"मेरा एक नम्र निवेदन था, प्रभु!" नारद बोले, "राम के अवतार में आपने देश को आसेतुहिमाचल एक किया था। तो क्यों न आप अब इसका विघटन कर दें?"

"विचार बुरा नहीं है, मुनिवर, तथास्तु! पर मैं सोच रहा हूँ कि प्रारम्भिक पड़ताल के लिए एक चक्कर भूतल का लगा आऊँ। किष्किन्धावासियों से मिले एक अरसा हो गया है।"

प्रभु का यों किष्किन्धा आना कोई साधारण बात नहीं थी। सारे वानर समुदाय में खलबली-सी गच गई। हनुमान ने सबको पहले से ही नियत स्थान पर पहुँचने का आदेश दे दिया था। सबने अश्रुपूर्ण नयनों से प्रभु का स्वागत किया। प्रभु भी भावविभोर हो उठे। सुग्रीव, अंगद, जांबवान, नल-नील और सर्वाधिक प्रिय हनुमान! लम्बा अरसा हो गया था भक्तों से मिले।

भावनाओं का उमड़ता ज्वार शान्त हो जाने के बाद प्रभु ने सबको अपने आने की वजह बताई, "देश का विघटन।" वानरों को आश्चर्य तो हुआ, पर कुछ ही क्षणों के लिए। आखिरकार सब कुछ तो प्रभु की इच्छा से ही चलता है। आसेतुहिमाचल देश को बाँधना क्या और बाँटना क्या? कलियुग में प्रभु को शायद यही मंजूर हो।

"शुरुआत कहाँ से हो?" प्रभु ने सबकी राय पूछी। हर एक निगाह जाकर जांबवान पर अटकी। उनकी विद्वत्ता की कद्र अब तक होती थी।

"शुरुआत तो सेतु से ही होनी चाहिए, प्रभु!" जाम्बवान ने निवेदन किया,

"जो जगह पहले सेतु-बन्ध-रामेश्वरम् के नाम से जानी जाती थी अब उसी का नाम हम सेतु-भंग-रामेश्वरम् कर दें और विघटन का सत्कार्य शुरू करें।"

सुझाव सबको जँचा। प्रभु और उनकी वानर सेना ने सेतु की ओर कूच किया। शताब्दियों पहले की यादें ताजा हो गईं। नल और नील ने सारी गणनाएँ खुद कीं और सबको अलग-अलग विभाग सौंपे। दूरदर्शन ने यात्रा का सीधा प्रसारण किया।

पर यह क्या? आश्चर्य! सेतु के पास उनकी माने प्रतीक्षा कर रहा था। उद्घाटन स्थल पर पहुँचकर प्रभु ठिठके। सेतु के ऊपर गिलहरियों के झुंड-

के-झुंड मौजूद थे। हर गिलहरी अपने-अपने तईं सेतु की चट्टानों को दाँत से कुतर रही थी, सेतु के ऊपर की बालू को अपनी दुम से हटा समुद्र में फेंक रही थी। विघटन का कार्य आरम्भ हो चुका था।

प्रश्नार्थक मुद्रा में प्रभु ने हनुमान की ओर देखा, ''कहाँ त्रेता में एक गिलहरी, कहाँ यह झुंड?''

कपिवर सकुचाए, ''प्रभु बढ़ती आबादी की समस्या।''

''कोई बात नहीं।'' प्रभु ने मंतव्य दिया, ''तब भी एक गिलहरी हमारी सहायता के लिए आई थी। अब तो कई हैं। उनके सरदारों को बुलाओ।''

जांबवान ने हाथ जोड़े और कहा, ''प्रभुवर, आजकल निर्वाचित प्रतिनिधि हैं। सरदार नहीं।''

''हाँ-हाँ, जो भी है। हाँ!'' प्रभु अधीर हुए। जांबवान ने सर्वदलीय सम्मेलन बुलाया। गिलहरी प्रतिनिधि हाजिर हुए। प्रभु ने प्यार से उनकी ओर देखा और पूछा, ''वत्स, यह क्या!''

''प्रभु, हमें आपके आगमन की आहट बहुत पहले से मिल चुकी थी। हम आपकी इच्छा पूरी करने में भरसक जुटे हुए थे, जब पता चला कि आप सेतु से शुरुआत करना चाहते हैं तो हम सब यहाँ आ गए।''

मन-ही-मन प्रभु चिन्तित हुए। इधर उनके दफ्तर से गोपनीय जानकारियाँ कुछ ज्यादा ही लीक होने लगी थीं। पर प्रकट में मुस्कराहट के साथ बोले, ''अच्छा, मैं काफी प्रसन्न हुआ। बताओ तो तुम लोग क्या-क्या कर रहे थे?''

पहली गिलहरी ने झुककर अभिवादन किया, ''प्रभु, मेरे नेतृत्व में मेरे दल ने पंजाब और गोरखालैंड जैसी समस्याओं को खड़ा किया।''

दूसरी ने और लम्बा अभिवादन किया, ''मैंने कश्मीर, बोडोलैंड जैसी समस्याएँ खड़ी कीं। देर या सबेर यह जरूर रंग लाएँगी।''

तीसरी ने सर पर शिला उठाए-उठाए प्रणाम किया, ''प्रभु, ये सारे प्रयास देशव्यापी नहीं थे, सो हमने धर्म के नाम पर विघटन आरम्भ किया है। वह भी अयोध्या से–आप ही के नाम से प्रभु!''

प्रभु का चेहरा प्रफुल्लित हो उठा। तभी चौथे ने अपनी सर की टोपी को घुमाया और कहा, ''प्रभु, धर्म के नाम पर भी सीमित विघटन ही होगा। हमारे मोर्चे ने तो सीधा जात के नाम पर देश को बाँट डाला है, अब देखिए, कहाँ-

कहाँ आन्दोलन नहीं हो रहे! जहाँ नहीं भी हो रहे हों, वहाँ करवा दिए जाएँगे।''

''बहुत खूब!'' प्रभु गद्‌गद हो उठे, ''पर वत्स! यह सब करने के पीछे प्रेरणा भले ही मेरी हो, दैवी हो, पर स्थूल कारण क्या थे?''

सभी गिलहरी प्रतिनिधियों ने एक-दूसरे की ओर देखा और एक स्वर में बोले, ''कारण तो एक ही है प्रभु, जो है, 'सेवा!' हम सब जनता के नम्र सेवक हैं। अपने-अपने मतदाताओं के हितों को देखते हैं। जो समाज या राष्ट्र हमें वोट नहीं देता, उसकी ऐसी की तैसी करने में हमें कोई हिचक नहीं महसूस होती। हम सब अपने वोट बैंकों की रक्षा में और उसे बढ़ाने में ही जुटे हुए हैं।''

प्रभु प्रसन्न हुए, ''वाह, अब मुझे कोई चिन्ता नहीं।'' हठात् उन्हें कुछ याद आया। उन्होंने प्रतिनिधियों की पीठ पर हाथ फेरा, पर उलटा। सारी काली धारियाँ गायब हो गईं और प्रतिनिधियों की काया स्वच्छ धवल खद्‌दर काया में बदल गईं। यह ठीक रहेगा, उन्होंने मन-ही-मन सोचा।

हनुमान ने साहस करके पूछा, ''प्रभु हमारे लिए क्या आज्ञा है और आप कब अवतार लेना चाहेंगे?''

प्रभु मुस्कराए, ''कपिवर, ऐसे काबिल लोगों के होते हुए मुझे आने की अब कोई आवश्यकता नहीं। आप लोग भी वापस किष्किन्धा जाएँ और आराम की नींद लें।''

इतना कहकर प्रभु अन्तर्धान हो गए। शेषनाग के भाग्य में इस बार छुट्टी नहीं मिलनी थी।

कहानी सुनाकर वेताल ने प्रश्न किया, ''हे आम आदमी! मुझे बताओ कि प्रभु ने अवतार लेने की आवश्यकता क्यों महसूस नहीं की और प्रतिनिधियों की पीठ पर उलटा हाथ क्यों फेरा? अगर जान-बूझकर तुमने इसका उत्तर नहीं दिया तो तुम्हारे सर के वैसे ही टुकड़े हो जाएँगे जैसे विघटनकारी वेला में देशों के हो जाते हैं।''

आम आदमी ने ठंडी साँस ली और कहा, ''वेताल, मुझे पता था कि तुम ऐसे ही सवाल पूछोगे। तो सुनो। जहाँ तक अवतार लेने की आवश्यकता का प्रश्न है, उस काम को प्रतिनिधि लोग बखूबी अंजाम दे रहे थे। जब-तक वोट बैंक की राजनीति उन पर हावी रहेगी तब तक विघटन का काम अपने आप

होता रहेगा। उसके लिए न प्रभु के आने की जरूरत है न उनकी वानर सेना की नींद खराब करने की।

"जहाँ तक पीठ पर उलटा हाथ फेरने की बात है, प्रभु को नारद का सुझाव याद आया कि पिछले अवतार में जो किया उसका ठीक उलटा करना चाहिए। सो उन्होंने ठीक उलटा करके धारियाँ मिटा दीं। यही आज के गणतंत्र के उसूलों के अनुरूप है, और गिलहरी की नई काया भी।"

"बहुत सटीक उत्तर दिया है तुमने। हे आम आदमी, तुम्हें देश की समझ यहाँ के नेताओं से अधिक अच्छी है।" वेताल ने कहा, पर चूँकि आम आदमी का मौन भंग हो चुका था सो वेताल वापस जाकर संसद भवन की छत पर लटक गया।

आम आदमी ने उसकी ओर उचटती निगाह डाली और प्रभु की इच्छा के अनुरूप एक विघटन आन्दोलन में शामिल होने चल पड़ा।

गरुड़ पुराण

आम आदमी ने निर्वाचन सदन की छत से लटकते वेताल के शव को उतारकर अपनी पीठ पर लादा और अपनी राह चल पड़ा। वेताल ने फिर एक बार उसकी जीवट की प्रशंसा की और कहा, "हे आम आदमी! पता नहीं तुम किस ध्येय से मेरे पीछे पड़े हो। तुम्हारे प्रयत्न मुझे उस उम्मीदवार की याद दिलाते हैं जो विफलताओं के बावजूद चुनाव-पर-चुनाव लड़ता जाता है। इस आशा में कि उसके दिन कभी तो पलटेंगे। वैसे चुनाव-प्रक्रिया में सुधारों के बाद कइयों के दिन पलटे भी हैं। चलो, रास्ते की थकान मिटाने के लिए मैं तुम्हें गणतंत्र के जंगल की एक और कहानी सुनाता हूँ।"

'फिर एक कहानी,' आम आदमी ने वेताल को मन-ही-मन कोसा, 'तुम्हारी कहानियों में पंचवार्षिक चुनावों जैसी निरन्तरता है।' पर प्रकट में वह चुप रहा। मौन रखने को जो बाध्य था। वेताल ने कहानी सुनाना शुरू किया–

गणतंत्र नाम का एक जंगल था। वहाँ मतदाता नाम के एक महर्षि थे। हर पाँच साल बाद वे एक यज्ञ किया करते थे–कायाकल्प यज्ञ। इस यज्ञ से कइयों का कायाकल्प हो जाया करता था। महर्षि खुश हुए तो किसी को रंक से राजा बना दें, उनकी भृकुटि वक्र हुई तो उम्मीदवार की जमानत जब्त। जंगल पर किसकी सत्ता स्थापित होगी यह कायाकल्प यज्ञ के परिणाम पर निर्भर करता था। अतः महर्षि से हर कोई सँभलकर रहता था।

पर इतने बड़े यज्ञ का संचालन कोई बच्चों का खेल थोड़े ही था। और आजकल तो वह पूरे पाँच साल बाद संचालित हो यह भी निश्चित नहीं था। कभी-कभार पाँच वर्ष के पहले ही यह यज्ञ सम्पन्न करना पड़ता था।

जंगल के संविधान में यज्ञ के सही ढंग से संचालन की व्यवस्था की गई थी। इस संचालन का काम एक मुख्य यज्ञपति को सौंपा गया था और

यही नहीं, ढंग से काम कर पाने के लिए उसे व्यापक अधिकार दिए गए थे। सारे जंगल की थाह सही ढंग से ले पाने हेतु हमेशा से कोई-न-कोई पक्षी ही मुख्य यज्ञपति के रूप में नियुक्त हुआ करता था। कभी सारस, कभी कबूतर, कभी मैना तो कभी बाज।

इस पर बार नियुक्ति हुई थी गरुड़ की। यह नियुक्ति तत्कालीन गणेन्द्र ने की थी, जो उस समय के गणप्रतिनिधियों के नेता थे। जंगल पर गणेन्द्र की ही हुकूमत चलती थी।

पद पर नियुक्त होते ही गरुड़ ने आसमान में ऊँची उड़ानें भरनी शुरू कीं। उसने सारा जंगल गौर से छान मारा, यज्ञकार्य में कहाँ बाधाएँ उपस्थित

हो सकती हैं इसकी उसने टोह ली। आजकल यज्ञकार्य में कई विघ्न और बाधाएँ आया करती थीं। उनकी वजह से मतदाता का उत्साह भी ठंडा पड़ जाया करता था। गणतंत्र के लिए यह अच्छी बात नहीं थी।

कायाकल्प यज्ञ में नई चेतना लाने के लिए गरुड़ ने शुरू से ही आक्रामक रवैया अपनाया। वह जंगल भर उड़ान भरकर टोह लेता और अपनी तीखी दृष्टि से बाधाओं का अन्दाज लेकर विघ्नकर्ताओं पर टूट पड़ता। विघ्न लाने वाला कौन है इसकी परवाह उसे नहीं थी।

महर्षि उसके काम से खुश हुए। कायाकल्प यज्ञ की गरिमा बढ़ने लगी। उसमें भाग लेनेवाले लोगों की संख्या बढ़ी। उम्मीदवारों द्वारा अन्धाधुन्ध होने वाले खर्च पर अंकुश लगा। लठैतों की लाठियों पर भी लगा। हर कोई गरुड़ से सँभलकर रहने लगा। उसकी बढ़ती लोकप्रियता हर किसी को भले ही रास न आई हो, उसका इलाज कोई नहीं था।

उसकी बढ़ती लोकप्रियता के साथ-साथ नाराजगी के स्वर भी सुनाई देने लगे, किसी को उसका अहंकार खलता था तो किसी को उसकी उच्चाकांक्षा। कुछ को वह दम्भी लगता था, कुछ के विचार में उसकी जबान पर लगाम लगाना जरूरी था। कइयों के हिसाब से तो वह सनकी था, यज्ञ की गरिमा का ढोल जरूरत से ज्यादा पीटता नजर आता था। अब ठीक है, गणतंत्र मजबूत होना चाहिए, यज्ञ की गरिमा बढ़नी चाहिए, उसमें आई हुई त्रुटियाँ दूर होनी चाहिए। हम कहाँ मना करते हैं, पर यह सब क्या ढाई दिन में कर डालेंगे आप? उचित होगा यह? वह भी डंडे के जोर पर! अब यह तो हर किसी को कानून दिखाता फिर रहा है। कहता है कि कानून के दायरे से बाहर कोई नहीं!

अब गणतंत्र है, थोड़ा हेरफेर तो होगा ही। आचार संहिता का छोटा-मोटा उल्लंघन तो होता ही रहेगा। कुछ छिद्र तो रहेंगे। सारे बन्द कर दिए तो हमारा क्या होगा? यज्ञ के तत्काल पहले एकाध उद्घाटन, एकाध नई योजना, एकाध शिलान्यास–इन सबकी तो अनदेखी करनी ही पड़ेगी। यह नया यज्ञपति इनमें बिल्कुल नरमाई न बरते तो गए हम काम से। अब हम लोगों को भी तो एडजस्ट करने के लिए कुछ वक्त चाहिए। यह तो न आव देखे न ताव, सबके पेट पर लात मार रहा है!

अच्छा इतना हरिश्चन्द्र वाला पैंतरा झाड़ रहा है, पर खुद कौन-सा सर्वगुण-सम्पन्न है? उसका घमंड देखो, उसका तानाशाही रवैया देखो, प्रसिद्ध होने की भूख देखो। पर लोगों को भी क्या कहें! उसी के पीछे दौड़ते हैं। उसकी सारी खामियों के बावजूद!

सारा चक्कर इसी का था। गरुड़ में कई खामियाँ थीं। लोग भी इस बात को समझते थे, पर यज्ञ का काम उसने इतना चुस्त-दुरुस्त कर डाला था कि लोग उसकी खामियाँ नजरअन्दाज करने को तैयार थे। फिर उस पर उँगलियाँ उठाने वाले खुद कौन से दूध के धुले हुए थे? गणतंत्र की गरिमा की केवल माला जपने वाले थे सारे। गरुड़ की लोकप्रियता से जलते थे। पर गरुड़ की उड़ाने जारी थीं।

नए गणेन्द्र को चिन्ता हुई। ऐसा कब तक चलेगा? यह गरुड़ ऐसे ही बढ़ता रहा तो एक दिन भारी पड़ जाएगा। अब ठीक है, हमारे पूर्वाधिकारी ने इसे नियुक्त किया, पर सरदर्द तो अपना हो गया, अब तो हमें ही इससे निपटना होगा। यह कम्बख्त कायाकल्प सुधारते-सुधारते जंगल को ही सुधारना शुरू कर दे तो आ गई शामत! फिर इन्द्रपद का क्या होगा? दिक्पालों का क्या होगा? क्या होगा उन सारी सुख-सुविधाओं का जिनके हम आदी हो चुके हैं? बहुत हो चुका, इस गरुड़ का कुछ-न-कुछ करना ही होगा।

गणेन्द्र के कम्प्यूटर के परदे पर एक तरकीब उभरी। गरुड़ की प्रसिद्धि, कार्यक्षमता और सफलता उसकी उड़ानों की बदौलत है। इसी उड़ान की वजह से वह सारे जंगल पर तीखी निगाह रख सकता है, जहाँ गड़बड़ हो झपट्टा मार पाता है। उसकी इस आजादी, हमारा मतलब है मनमानी पर पाबन्दी लगा पाएँ, तो हमारा सरदर्द कुछ तो घटेगा। साँस लेने की थोड़ी फुर्सत मिल जाए। बाद की बाद में देखेंगे।

बस, और समय गँवाए बिना गणेन्द्र ने दो यज्ञपति और नियुक्त कर डाले—एक बाज तथा एक कबूतर। दोनों गरुड़ के पीछे पड़ गए। पर गरुड़ भी कच्चा खिलाड़ी नहीं था। उसने संविधान का हवाला दिया, कानून की दुहाई दी, नियम ढूँढ़ निकाले और बाकी दोनों यज्ञपतियों को शह और मात देता रहा। उसकी तरकीबों और उड़ानों को देखकर लोगों को और भी

अचम्भा हुआ। पर गरुड़ का घमंड, लोकप्रियता की भूख और निरंकुशता उसी परिमाण में बढ़ी जिस परिमाण में उसके उड़ानों की ऊँचाई और पहुँच बढ़ी। वह बड़ी आसानी से यह भूल बैठा कि उसके कार्यपद्धति की भी कुछ मर्यादाएँ हैं और कभी वह इनकी चपेट में आ सकता है। और यही एक दिन हुआ भी, यानी कुल मिलाकर विचारपति के फैसले को मानते हुए गरुड़ की कार्यक्षमता पर प्रभावी पाबन्दियाँ लगा दी गईं।

न्याय-पाश में जकड़े गरुड़ ने एक ठंडी साँस छोड़ी और अगले कदम के बारे में विचार करने लगा। सारी नजरें उसकी ही ओर लगी हुई थीं। विचारपति की गर्वपूर्ण मुस्कान में 'कैसा सबक सिखाया' का भाव था, तो औरों की मुस्कानों में 'कैसा घमंड टूटा' का भाव था।

गणेन्द्र की मुस्कान अर्थपूर्ण थी। उनकी तरकीब अपेक्षा से अधिक कामयाब रही। यज्ञकार्य का नियन्त्रण अप्रत्यक्ष भाव से उनके या यों कहें कि यज्ञपति कार्यकारिणी के हाथों में आ गया था। एक बार यज्ञपतियों को मुख्य यज्ञपति के बराबर का रुतबा मिल गया कि किला फतह! आज दो नियुक्त किए, कल दो दर्जन नियुक्त किए जा सकते हैं। बहुमत के बल पर वे मुख्य यज्ञपति को जैसा चाहें नचा सकते हैं। एक बार मुख्य यज्ञपति का मुख्य रुतबा खत्म हुआ कि उसका सारा आतंक खत्म हो जाएगा। करते बैठो बेटा कड़ाई, भाँजते बैठो नियमों की लाठी। तुम्हारी कोई मनमानी नहीं चलेगी–तुम्हारी ही क्यों, तुम्हारे बाद आने वाले किसी उत्तराधिकारी की भी नहीं चलेगी। और फिर एक अनुचित प्रथा को लागू करने का पाप भी अपने मत्थे नहीं आएगा। हम तो विचारपति के फैसले को हाजिर-नाजिर जानकर अपना कार्य सिद्ध करेंगे। उन्होंने मन-ही-मन खुद की पीठ थपथपाई। पर ऊपर से चेहरे पर गम्भीरता हमेशा की तरह कायम रखी। अब गणतंत्र पहले की तरह चलेगा, नरमाई से, सौम्यता से, मृदुता से। यह फालतू की सख्ती नहीं चलेगी। आखिरकार हमें सबको साथ लेकर चलना पड़ता है भाई!

समय का चक्र कहाँ रुकता है? गणेन्द्र ने एक दिन सक्रिय राजनीति से संन्यास लिया, गरुड़ की नियुक्ति की अवधि एक दिन खत्म हुई, विचारपति ने अवकाश ग्रहण किया। एक दिन नए खिलाड़ी आए। नई पारियों की

शुरुआत हुई यज्ञकार्य की गरिमा, मुख्य यज्ञपति का ओहदा, यज्ञसंस्था की स्वायत्तता वगैरह मुद्दे इतिहास के मर्तबान में फिंक गए।

फिर एक दिन हर किसी की तरह इन तीनों की पेशी भी चित्रगुप्त के सामने हुई—गणेन्द्र की, गरुड़ की और विचारपति की। चित्रगुप्त ने औपचारिक रूप से उनका अभिवादन स्वीकार किया और शान्त भाव से उनके खाते देखने लगे।

''यह लाइन स्वर्ग की है और यह नरक की।'' दूत ने नम्रता से उन्हें सूचित किया।

'जंगल की बात और थी, यहाँ की और है।' गणेन्द्र ने सोचा, 'वहाँ तो सर्वोच्च सत्ता का उपभोग किया, मुख्य सुविधाएँ भोगीं, यहाँ तो अपनी जमात के हिस्से में नरक ही बदा है। बेचारे खुद जाकर नरक की लाइन में खड़े हो गए।' गरुड़ को हँसी आई। उसकी ऐंठन अभी तक कायम थी। स्वर्ग मुझे नहीं तो और किसे मिलेगा? क्या सुधारा था यज्ञ-व्यवस्था को। तनी गर्दन लेकर वह स्वर्ग की लाइन में जा खड़ा हुआ। विचारपति के लिए पसोपेश का कोई प्रश्न ही नहीं था। उन्हें तो स्वर्ग में जाना था ही! उनका काम ही कुछ ऐसा था—दोनों पक्षों को सुनना और वस्तुनिष्ठ फैसला सुनाना! उनका आसन स्वर्ग-नरक के विवाद के परे था।

गरुड़ की ओर तुच्छताभरा कटाक्ष डालकर वे स्वर्ग की लाइन में उसके आगे जाकर खड़े हो गए। वैसे भी उनका ओहदा गरुड़ से ऊँचा था। उन्हें गरुड़ के अहंकार पर हँसी भी आई, तरस भी।

चित्रगुप्त ने शान्त भाव से अपना निर्णय सुनाया, ''गणेन्द्र स्वर्ग में जाएँ, गरुड़ नरक के पाँच चक्कर लगाकर स्वर्ग में जाएँ। विचारपति नरक की ओर प्रस्थान करें।'' तीनों चेहरों पर उमड़े विस्मय को अनदेखा कर वे निर्विकार भाव से अपने काम में लग गए।

कहानी सुनाकर वेताल ने पूछा, ''हे आम आदमी! चित्रगुप्त का यह निर्णय मेरी समझ में नहीं आया। और सच पूछो तो उन तीनों की भी आशा के विपरीत ही था। ऐसा क्यों? अगर जान-बूझकर तुमने मेरे प्रश्न का उत्तर नहीं दिया तो तुम्हारे सर के हजारों टुकड़े होकर जंगल में बिखर जाएँगे।''

आम आदमी ने उत्तर दिया, ''हे वेताल! मुझे मालूम था कि तुम ऐसा ही कोई प्रश्न पूछोगे। तो सुनो। गणेन्द्र ने जो कुछ किया वह अपनी सत्ता कायम रखने हेतु किया। यह तो उसका सहज-भाव ही था। अतः सहज-भाव-पालन करने हेतु उसे स्वर्ग मिला।

''गरुड़ ने भी यज्ञ कार्य संचालन में अपने काम को सही अंजाम दिया था और अपने धर्म का पालन किया था, अतः उसे स्वर्ग में स्थान मिला; पर धर्म-निर्वाह के समय उसने जो अनावश्यक अहंकार, निरंकुशता, बड़बोलापन और अन्य दोषों का प्रदर्शन किया उसकी वजह से उसे नरक के पाँच चक्कर लगाने पड़े।

''विचारपति ने अपने धर्म के पालन में त्रुटि रखी। गरुड़ को सबक सिखाने के जोश में वे 'गरुड़ नामक व्यक्ति' और 'मुख्य यज्ञपति नामक संस्था' के बीच का फर्क नहीं रख पाए। गरुड़ की कार्यशैली को उन्होंने मुख्य मुद्दा बनाया और मुख्य यज्ञपति के प्रश्नों को गौण। अतः जाने-अनजाने उनके निर्णय ने यज्ञसंस्था की तथा यज्ञपति के पद की स्वायत्तता के भविष्य पर प्रश्न चिह्न लगा दिया। अब गणेन्द्र या उनका कोई उत्तराधिकारी ऐसे कदम उठाने के लिए स्वतंत्र था। जिससे यज्ञपति पर कार्यकारिणी का नियन्त्रण हावी होता। कितने और कैसे यज्ञपतियों को नियुक्त करना था उसका कोई वस्तुनिष्ठ मार्गदर्शन नहीं हुआ। अतः यज्ञसंस्था की सम्भावित अधोगति का पाप अप्रत्यक्ष तौर पर विचारपति के सर पर ही पड़ेगा। वस्तुनिष्ठता से हट जाने के कारण से उनके हिस्से नरक आया।''

''बड़ी दूर की कौड़ी लाते हो, मित्र।'' खुश होकर वेताल ने कहा। पर अब आम आदमी का मौन भंग हो चुका था। अतः वेताल उड़कर फिर निर्वाचन सदन की इमारत से जा लटका।

आम आदमी ने उस पर एक उचटती-सी निगाह डाली और अपनी राह चल पड़ा, आगामी चुनाव नजदीक आ चुके थे।

न गंगदत्तः पुनरेति कूपं

('पंचतंत्र' के रचयिता आचार्य विष्णु शर्मा से क्षमायाचना सहित)

किसी जमाने की बात है। गणतंत्र के कुएँ में मेढकों की बड़ी-सी जमात थी। अरसे से उनका कुएँ पर शासन चला आ रहा था।

उन मेंढकों का एक सरदार था—गंगदत्त, बड़ा ही अनुभवी। उसकी चिकनी काया पर कहते हैं, कोई भी कीचड़ चिपकता ही नहीं था।

पर भला हो नेतृत्व विरोध की परम्परा का। गंगदत्त के व्यवहार से रुष्ट होकर दल के कुछ असन्तुष्ट मेंढक उसके खिलाफ हो गए और उसे पद से हटाने के प्रयत्न करने लगे। अब जब उसके अपने दल वाले ही ऐसे प्रयत्न करें तो विरोधी दल वाले पीछे क्यों रहें?

असन्तुष्टों के व्यवहार से दुखी होकर गंगदत्त ने अपने सहयोगियों से मंत्रणा की। मंत्रणा में कूटबुद्धि नामक एक सहयोगी ने सुझाया कि इस संकट को टालने के लिए नीति का अनुसरण करना चाहिए। नीति कहती है कि लोहा लोहे को काटता है और यह भी कि दुश्मन का सफाया उसके दुश्मनों के जरिए करना चाहिए, खुद नहीं। इन सारे लोगों ने गैरकानूनी काम तो कई किए होंगे। अतः उन्हें कानून के शिकंजे में लाना ही बुद्धिमानी होगी।

इस सुझाव से कइयों को साँप सूँघ गया, पर गंगदत्त को बात में दम नजर आया। कानून नाम का अजगर कुएँ के जगत से इर्द-गिर्द ही घूमा करता था। कुएँ में उसका प्रवेश नहीं होता था हालाँकि कुएँ के अन्दर ऐसी कई गतिविधियाँ थीं, जिनसे निपटने के लिए उसमें प्रवेश करने की इच्छा कानून को कई बार सताती थी।

अपने पास आए गंगदत्त को देख कानून को आश्चर्य हुआ; पर इस आश्चर्य को बखूबी छिपाते हुए और उनींदी-सी नजरों से गंगदत्त को देखते हुए कानून ने पूछा, ''मैं तुम्हारी क्या सेवा कर सकता हूँ?''

''सेवा?'' गंगदत्त ने नम्रता से कहा, ''मेरी कैसी सेवा? हम सब तो सेवक हैं–जनता जनार्दन के। तुम भी, मैं भी। अपनी-अपनी श्रद्धा और

काबिलियत के अनुसार सेवा करते हैं। मैं बस इतना चाहता था कि तुम कुएँ में आओ और अपने लम्बे हाथों से कुएँ में पड़ी तलछट की जाँच करो।''

''कुएँ में पड़ी तलछट–बड़ा दुर्भर काम है! रुकावटें भी काफी आएँगी। क्या इसका मुझे अन्देशा नहीं। और फिर कुएँ में जाने का मार्ग...''

''उसकी चिन्ता तुम न करो।'' गंगदत्त ने कहा, ''और जहाँ तक रुकावटों का सवाल है, मेरी तरफ से कोई रुकावट नहीं। तुम अपनी राह चलना।''

कानून को उसके रुख पर विस्मय जरूर हुआ। क्या यह नहीं जानता कि मेरे लम्बे हाथ कभी इसकी दिशा में भी मुड़ सकते हैं? क्या यह इस खतरे से पूरी तरह अनजान है या इसके तोड़ के बारे में आश्वस्त है? खैर, कुएँ में पड़ी तलछट की जाँच का निमंत्रण काफी मोहक था। सो कानून कुएँ में प्रवेश कर गया गंगदत्त के पीछे-पीछे। कुएँ में ऐसी खलबली कभी नहीं मची थी। किसी को भी गुमान न था कि कानून का लम्बा रेंगता शरीर और लम्बे हाथ उन तक पहुँच पाएँगे। पर हाथ तो लम्बे थे, पहुँचने लगे और शिकंजा कसता गया।

आरोप भी क्या था–फतिंगे खाने का। अब जनाब, मेंढक फतिंगे न खाएँ तो कैसे जिएँ? हाँ, कोई अव्यावहारिक, आदर्शवादी-सा नियम जरूर था फतिंगे न खाने का। पर तकरीबन हर कोई फतिंगे खाता है। फतिंगे नहीं तो कोई और कीड़े। अब इसको कोई उछाल दे तो ज्यादती है। मेंढक-मंडली में खलबली मच गई। फतिंगाखोरी के आरोप में अच्छे-अच्छों के नाम उछलने लगे। इनमें गंगदत्त के दल के प्रमुख विरोधी भी शामिल थे और कुछ विरोधी दल के नेतागण भी।

पर मजे की बात यह थी कि इस आरोप का दायरा महज गंगदत्त के विरोधियों तक ही सीमित नहीं रहा–उसके समर्थक कहे और माने जाने वाले तक भी कानून के हाथ पहुँचने लगे। भाग्य की विडम्बना देखिए कि कूटबुद्धि जैसे उसके सलाहकार भी इससे अछूते नहीं रहे। कानून का शिकंजा उन पर भी कसा। क्योंकि फतिंगों के खाए जाने के अवशेष तो

कुएँ में यत्र-तत्र सर्वत्र बिखरे पड़े थे।

पहले-पहले तो कइयों को यह मजाक लगा। कई मेंढकों ने अपने लचीलेपन के सहारे कानून के शिकंजे से निकलने की चेष्टा की, पर नाकामयाब रहे। गंगदत्त ने सबको टका-सा जवाब दे दिया, "कानून अपनी राह चलेगा। मैं उसमें रोड़े नहीं अटकाऊँगा।"

कई मेंढकों ने कानून का खेल गंगदत्त पर उलटने की कोशिश की। उस पर फतिंगाखोरी के आरोप लगाए गए; पर कोई आरोप उस पर चिपक नहीं पा रहा था।

कानून को भी यह बात नजर आ रही थी कि गंगदत्त पर कोई आरोप चिपक नहीं रहा। उसने पहले-पहले अपना दायरा उन मेंढकों तक सीमित रखा जिनके विरुद्ध आरोप बनता था। उसका शिकंजा बढ़ता गया और कसता गया। उसकी चपेट में आए मेंढकों की संख्या बढ़ने लगी। कानून के लिए यह अनुभव नया भी था और उत्तेजक भी। धीरे-धीरे उसकी झिझक खुली और उसने अपनी तरफ से कई मामलों में पहल करनी शुरू की, निर्देश देने शुरू किए और गंगदत्त की दिशा में रेंगना शुरू कर दिया।

चतुर गंगदत्त के लिए वह मोड़ अप्रत्याशित नहीं था। कानून को जब एक बार मेंढक खाने की आदत बनी तो गंगदत्त का विचार उसके मन में आए तो आश्चर्य नहीं। पर वह भी कच्ची गोलियाँ नहीं खेला था। सवाल समय और अवसर का था। सही समय और सही अवसर का! उसके विरोधी पहले ही काफी निढाल हो चुके थे। जनमानस में उसने इस बात का श्रेय लेना शुरू कर दिया था कि उसने कुएँ की तलछट और फतिंगाखोरी जैसी अनियमितताओं की जाँच शुरू करवा दी है।

यही समय था कि नई मेंढक-सभा के गठन की गुहार लगाई जाए। इधर विरोधी त्रस्त, उधर कानून आरोपी की जाँच में व्यस्त। यही मौका था कुएँ की जगत पर पहुँचने का।

कानून की बगल से निकलते हुए गंगदत्त ने उसे आश्वस्त किया कि वह काम जारी रखे। तब तक गंगदत्त नई मेंढक-सभा के गठन का बन्दोबस्त करके वापस आ रहा है। क्या पता इससे कानून के हाथों और भी

कई फतिंगाखोर आ जाएँ।

कुएँ की जगत पर पहुँचकर उसने खुली हवा में साँस ली। कानून के शिकंजे में फँसे बिलबिलाते मेढकों पर एक तुच्छता की नजर डालकर उसने पूरी गम्भीरता से कुएँ में अपने प्रतिबिम्ब को आँख मारी और कहा, ''न गंगदत्तः पुनरेति कूपं—अब गंगदत्त फिर इस कुएँ में नहीं आएगा।''

एक ब्रेनड्रेन की कहानी

आम आदमी ने निर्माण-विभाग की छत पर लटके वेताल के शव को उतारा और घर की ओर चल पड़ा। वेताल ने उसके धैर्य की सराहना की और कहा, "हे आम आदमी! मैं तुम्हारे धैर्य और लगन का कायल हूँ। पर महज लगन और निष्ठा जैसी खूबियाँ आजकल आदमी को फायदा नहीं पहुँचातीं। उसके साथ तिकड़मी होना भी जरूरी है। तुम्हारे रास्ते की थकान दूर करने के लिए मैं तुम्हें एक कहानी सुनाता हूँ। अमरावती की कहानी, जहाँ शिव जी सक्रिय राजनीति से संन्यास लेकर रिटायर्ड जिन्दगी बिता रहे थे।"

आम आदमी ने मन-ही-मन उसे कोसा, 'भले मानस, फिर एक कहानी'। पर प्रकट में वह मौन रहा। वेताल ने कहना शुरू किया—

शिव जी के दिन बड़े मजे में कट रहे थे। कैलाश कॉलोनी में। दोनों लड़के अब बड़े हो गए थे। विभिन्न शास्त्रों का अध्ययन कर पारंगत हो चुके थे। उमा जी भी अब चौपड़ खेलने की जिद नहीं करती थीं। जिद कहाँ, अब उनका अधिकांश समय अमरावती की महिला-गोष्ठियों के कार्यकलापों में ही गुजर जाया करता था। अब तो शिव जी ही कभी-कभी बीते युगों की यादें ताजा करने के लिए उनको बैठा लेते थे चौपड़ खेलने के लिए।

इस बार भी उनके दिमाग की नवीनतम फितरत चौपड़ खेलते समय ही उभरी। उमा जी ने सुना तो बौखलाईं, "यह क्या सूझी है तुमको, याद नहीं, पिछली बार इसी शर्त के चक्कर में कार्तिकेय घर छोड़कर चला गया था।"

बात तो सही थी। पिछली बार पृथ्वी-प्रदक्षिणा की शर्त लगाकर शिव जी ने गणेश और कार्तिकेय की परीक्षा लेनी चाही थी। कार्तिकेय बेचारे पूरी पृथ्वी का चक्कर लगा आए और घर लौटकर देखा तो तिकड़मी गणेश उनके कान काट चुके थे। झट एक पीढ़े पर माँ-बाप को बैठाकर उनकी प्रदक्षिणा

की, माँ–बाप की प्रदक्षिणा से पृथ्वी–प्रदक्षिणा के पुण्य का नियम दिखाया और शर्त जीत गए।

गुस्से से कार्तिकेय घर छोड़कर विन्ध्य के दक्षिण में चले गए थे। यह अलग बात थी कि विन्ध्य–पार अनेक ज्ञानी–गुरुओं से उन्होंने तरह–तरह के शास्त्रों में ज्ञान सम्पादन किया।

"अब तुम्हीं सोचो। कार्तिकेय अगर दक्षिण न जाता तो मणिपाल ऋषि के आश्रम में निर्माण–विद्या कैसे सीखता?"

निर्माण–विद्या गणेश ने भी दक्षिण गए बिना ही सीखी थी। इसी क्षेत्र में शिव जी दोनों की परीक्षा भी लेना चाहते थे।

विश्वकर्मा ने जब चिट्ठी पढ़ी तो मुस्कराए। सामने गणेश और कार्तिकेय दोनों खड़े थे। विश्वकर्मा ने कहा, "वत्सो, शिव जी चाहते हैं कि

रास्ते के निर्माण–कार्य में तुम दोनों की प्रवीणता की परीक्षा ली जाए। वैसे तुम दोनों ही इंजीनियरिंग में प्रवीण हो और मैनेजमेंट में भी। पर वास्तविक कर्मक्षेत्र का माहौल थोड़ा अलग होता है। अब देखो, यहाँ दो अलग–अलग डिवीजनें हैं, जो एक–दूसरे से लगी हुई हैं। मैं तुम दोनों को तीन महीनों के लिए उनका इंचार्ज बना देता हूँ। दस किलोमीटर लम्बा रास्ता अपने–अपने डिवीजन में बनाना है। प्रतियोगिता की शर्त यही है कि रास्ते के लिए अलॉट हुए सारे पैसे 31 मार्च से पहले खर्च हों।

रास्ते का तकनीकी विवरण देखकर दोनों चौंके। समय बड़ा कम था। ''पर विश्वकर्मा जी,'' दोनों से प्रश्न दागा, ''यह 31 मार्च का क्या चक्कर है?''

''हम लोगों का सारा कार्यकलाप 31 मार्च के इशारों पर ही नियंत्रित होता है।'' विश्वकर्मा ने कहा, ''खर्च के लिए जो मंजूरी आती है वह सारी 31 मार्च को खत्म हो जाती है। इसलिए यह जरूरी है कि रास्ते का सारा कार्य ठीक समय पर पूरा हो जाए। अगर देर हुई तो सारी अलॉटमेंट लैप्स हो जाएगी और अगले वर्ष पैसे मिलने में बड़ा कष्ट होगा। शायद यह कठिन काम जान–बूझकर शिव जी ने तुम्हारी जाँच के लिए रखा है।''

कार्तिकेय मुस्कराए, ''देखें बच्चू इस बार क्या करेंगे! रास्ता रास्ता है। बनाए बिना तो काम नहीं चलेगा। अब होगी सही जाँच। पिछली बार तो चकमेबाजी की थी। अब देखूँगा।''

और वे जी–जान से काम में जुट गए। 31 मार्च को आर्थिक वर्ष खत्म होता है यानी सारा काम कम–से–कम 28 मार्च को खत्म होना चाहिए, यानी...। सारा पर्ट चार्ट तैयार हुआ। टेंडर की तारीख फलानी। मंजूरी फलाने समय। अमुक–अमुक सामान पहले से मँगवाकर रखना है। अगर कहीं चूक हो गई तो फलाना विकल्प रहेगा। सारा सैद्धान्तिक आधार पक्का हो चुका। उन्होंने दूसरे ही दिन उसे विश्वकर्मा को दिखाया। विश्वकर्मा ने उनकी पीठ थपथपाई और कहा, ''कीप इट अप।'' लेकिन कार्तिकेय को उनकी मुस्कराहट में रहस्य की एक झलक नजर आई, जिसे उसने अपना वहम समझ झटक दिया।

कार्तिकेय और गणेश की इस नई नियुक्ति की बात आनन-फानन में फैल गई। दोनों की डिवीजनें पास-पास ही थीं। अमरावती के बड़े-बड़े ठेकेदारों ने उनके ऑफिस में जाकर शिष्टाचार के तौर पर मुलाकात की। अपने लिए सेवा का अवसर माँगा। विनम्र होकर निवेदन किया कि अगर कोई कष्ट हो तो...को याद फरमाएँ तुरन्त हाजिर हो जाएँगे।

कार्तिकेय ने सबकी सुनी, पर कहा कि फिलहाल उन्हें कोई कष्ट नहीं है। जहाँ तक काम का सवाल है वह जल्दी ही टेंडर मँगवाएँगे, जिसमें गुणवत्ता के आधार पर फैसला होगा।

ठेकेदारों को वह अनुभवी और रूखे लगे। खैर, धीरे-धीरे सब बदलते हैं। उन्होंने न जाने कितने कनखजूरों को तितलियों में बदलते देखा था।

गणेश सबसे मुस्कराकर मिले, चाय पिलाकर अपनी अनुभवहीनता की चर्चा की, उनके तजुर्बेकार होने का खास जिक्र किया, और सबसे सलाह माँगी। जहाँ तक सेवा या काम की बात है वह तो सबको मिल-जुलकर जनता की सेवा करनी है और समाज में सबको जीवन-यापन के लिए समान मौके तो मिलने ही चाहिए व मौकों को आपस में बाँटना ही उचित है।''

गणेश के मृदुभाषी, समझदार और दूरदर्शी स्वभाव की चारों ओर भूरि-भूरि प्रशंसा हुई।

कार्तिकेय को पहला झटका तब लगा जब टेंडर खुले। न्यूनतम टेंडर भी निर्धारित दरों से कोई 42 प्रतिशत अधिक था। उनकी त्योरियों पर बल पड़े। इतना अधिक?

बड़े बाबू ने प्यार से समझाया, ''हुजूर ने सारे रास्ते के लिए एक ही टेंडर मँगवाया इसीलिए ऐसा हुआ।''

''क्यों?'' कार्तिकेय कुछ समझ नहीं पाए।

''हुजूर, इसे तो मंजूरी के लिए चीफ इंजीनियर तक जाना है। जो टेंडर जितना ऊपर भेजना पड़ता है उसकी दर उतनी बढ़ जाती है।''

अर्थशास्त्र का यह नया नियम कार्तिकेय की समझ में नहीं आया। बड़े बाबू की मुस्कान में भी उन्हें वही रहस्यमयता नजर आई जो विश्वकर्मा की मुस्कान में थी। इस बार यह महज वहम नहीं था।

टेंडर फिर से मँगाने का वक्त नहीं था। कार्तिकेय ने तय किया कि सारा काम विभागीय स्तर पर किया जाएगा। सबने प्रत्यक्ष में इसे एक साहसिक कदम कहा और परोक्ष में हेकड़ी।

गणेश व्यवहार कुशल थे। दस किलोमीटर रास्ते का अर्थ कोई जरूरी नहीं कि एक ही रास्ता इस किलोमीटर का माना जाए। पाँच किलोमीटर के दो रास्ते आपस में जड़े हुए हो सकते हैं या फिर एक-एक किलोमीटर के दस रास्ते भी तो इत्तफाक से एक-दूसरे से लगे हो सकते हैं। और न्याय का तकाजा यह था कि सबको समान अवसर मिले। चूँकि उनकी अपनी क्षमता में दो किलोमीटर के रास्ते की मंजूरी का अधिकार था इसलिए उन्होंने पाँच ठेकेदारों को दो-दो किलामीटर के खंड बनाने का समान अवसर दिया और सबको विश्वास में लेते हुए टेंडर मँगवाए। टेंडर ठीक निर्धारित दरों पर खुले। घर की बात घर तक रही। ऊपर जाने का प्रश्न ही नहीं था। उनकी समझदारी की चर्चा सारी अमरावती में होने लगी।

कार्तिकेय अपने काम में जी-जान से जुटे रहे। सारी खरीद-फरोख्त खुद खड़े रहकर करवाई। वक्त पड़ने पर जोखिम भी उठाई। कुछ एडवांस लिया। खुद खटे। मातहतों को खटाया। कौन बोलता है कि इस देश में ईमानदार काम नहीं कर सकते—बिलकुल कर सकते हैं! लगन, निष्ठा और मेहनत का भी फल मिलता है। रास्ते का काम जैसे-जैसे बढ़ा, डामर की चमकती सतह की कुछ चमक कार्तिकेय के मुखमंडल पर भी झलकी। बगल की डिवीजन में काम धीमे-धीमे बढ़ रहा था। रास्ते का 'डिमार्केशन' हो रहा था। और साजो-सामान इकट्ठा किया जा रहा था। 'इस बार बच्चू पता चलेगा' कार्तिकेय अपने आपसे कहते।

और सच पूछा जाए तो कार्तिकेय के डिविजन का काम 26 मार्च को पूरा हो भी गया था; पर बिलों का भुगतान? ट्रेजरी वालों ने तो 21 तारीख से ही नए बिल लेना बन्द कर दिया था। ''परन्तु...।''

''परन्तु क्या? आपको पहले से पता होना चाहिए था।''

''विश्वकर्मा जी ने खुद...''

''विश्वकर्मा जी इन आठ-दस दिनों में बेमानी हो जाते हैं।''

''मैं शिव जी का लड़का हूँ।''

‘‘कौन? आप! अरे जाइए, क्या हम आदमी नहीं पहचानते। वह साहब तो कई बार आते हैं। क्या मिलनसार व्यक्तित्व है उनका। लड्डू खाने के शौकीन और खिलाने के भी।’’

‘‘वह नहीं, मैं कार्तिकेय हूँ, उनका बड़ा भाई।’’

‘‘सॉरी साहब...।’’

विश्वकर्मा को इन बातों का अन्देशा था। वे कार्तिकेय के प्रति पक्षपाती तो नहीं थे, पर नारद बाबू को उन्होंने समझा रखा था, ‘‘बड़े बाबू, लड़का मेधावी है, पर इस सरकारी भूल–भुलैया में खो जाएगा। आप जरा ध्यान रखेंगे।’’

देख लेने मे ंबड़े बाबू दक्ष थे। ऐसे कई साहब और कई ट्रेजरियाँ देख चुके थे और 31 मार्च का कागजी बाघ उन्हें डराता नहीं था। उनका सीधा उसूल था–‘‘हर ताले की चाबी होती है, खोजना पड़ता है।’’

उन्हें कार्तिकेय पर तरस आया, ‘‘साहब लाइए, मैं सारा काम करा देता हूँ। बिल मैं फिर से बना देता हूँ। आप इतना ही कीजिए कि बिना माथा–पच्ची किए दस्तखत कर दीजिए।’’

बिल देखकर कार्तिकेय सकपकाए। आकस्मिक खर्च की मद में यह वृद्धि? पर वचन दे चुके थे सो दस्तखत कर दिए। 30 मार्च को नारद बाबू भुगतान लेकर लौटे स्पेशल ट्रेजरी से और कहा, ‘‘साहब, आकस्मिक खर्च की मद होती ही ऐसे वक्त के लिए है। लीजिए भुगतान।’’

अपनी अन्तिम क्षणों की कमजोरी के कसैले स्वाद के बावजूद कार्तिकेय सन्तोष का भाव लेकर ही घर पहुँचे। दूसरी डिवीजन में बमुश्किल 30 प्रतिशत काम पूरा हुआ था। सच्चे का बोलबाला या तत्सम भाव लेकर जब वह अपने कमरे में पहुँचे तो उन्हें धक्का सा लगा। गणेश आराम से कुर्सी पर बैठे मेज पर टाँगें रखे ‘महाभारत’ देख रहे थे। वी.सी.आर. का रिमोर्ट कंट्रोल उनके हाथ में था।

‘‘पर यह पुरस्कार तो...?’’

‘‘मुझे मिल चुका है।’’ हैरान कार्तिकेय के मुँह का अधूरा वाक्य गणेश ने पूरा किया, ‘‘बड़े भाई, मेरे सारे बिल 27 मार्च को ही पास हो गए।’’

पीड़ा, क्रोध, पराजय...एक के बाद एक भाव कार्तिकेय के चेहरे पर आते गए। अब इस घर से उनका कोई वास्ता नहीं था। उलटे पाँव लौट मयूर पर आरूढ़ होकर चले गए... कभी न लौटने के लिए...।

रसातल से उनकी चिट्ठी तब आई जब उन्हें वहाँ ग्रीनकार्ड मिल चुका था और बहुत जल्द ही नागरिकत्व भी मिलने वाला था।

शिव जी मुस्कराए। उनका उद्देय सफल हो गया था। उमा जी को खुशखबरी सुनाने के लिए उन्होंने हाँक लगाई, "प्रिये, उमा!"

कहानी सुनाकर वेताल ने आम आदमी से पूछा, "हे आम आदमी! तुम बताओ कि काम पूरा न होने के बावजूद गणेश शर्त में कैसे जीत गए और कार्तिकेय के ग्रीनकार्ड मिलने की खबर से शिव जी क्यों खुश हुए? अगर जानते हुए भी तुमने इन दो प्रश्नों का उत्तर नहीं दिया तो तुम्हारे सर के वैसे ही टुकड़े-टुकड़े हो जाएँगे जैसे घटिया निर्माण हुए भवन के।"

आम आदमी ने मुस्कराकर कहा, "वेताल, मुझे पता है, तुम ऐसे ही सरल सवाल मुझसे पूछोगे ताकि मेरा मौन भंग हो जाए। जहाँ तक गणेश के जीतने का सवाल है, उन्होंने वही किया जो पहले किया था–अर्थात् नियम पर उँगली रखने की तिकड़म। 31 मार्च की लक्ष्मण रेखा बजट की राशि के खर्च के लिए थी न कि काम के पूरा होने के लिए। अतः उन्होंने कलियुग के आधुनिकतम अस्त्र का प्रयोग किया–अग्रिम माप-जोख। यानी काम होने से पहले ही कागज पर उसकी माप-जोख, बिलों की तैयारी, मंजूरी और सरकारी ट्रेजरी से भुगतान! फिर भुगतान की गई रकम वह अपने पास काम खत्म होने तक अमानत के तौर रख लेंगे और काम हो जाने पर, चाहे वह अप्रैल में पूरा हो या जून में, वह अमानत ठेकेदार को सौंप देंगे। रास्ते की किसे पड़ी है। बिल पास हुए। कागज पर कार्य सम्पन्न हुआ, बाजी जीत गए। बात खत्म।

"रही बात रसातल जाकर वहाँ का नागरिक बनने की। कार्तिकेय मेधावी थे, पर तिकड़मी नहीं, इस देश को रास्ता बनाने वाले इंजीनियरों की जरूरत नहीं है, केवल पैसा खर्च करने वाले इंजीनियरों की है। इसलिए, यहाँ कार्तिकेय जैसे हीरे की कोई परख नहीं होगी। शिव जी अगर खुद कार्तिकेय को रसातल जाने को कहते तो वह देश-प्रेम जैसे पुराने दकियानूसी मूल्यों

को बतलाकर इनकार कर देते। उपर्युक्त हार ने उनकी आँखें खोल दीं और वह रसातल में जाकर वहाँ के नागरिक हो गए। इसीलिए शिव जी उनके ग्रीनकार्ड पाने की खबर पाकर खुश हुए।''

आम आदमी का उत्तर सुन वेताल खुश हुआ; पर चूँकि उसका मौन भंग हो चुका था इसीलिए वापस जाकर एक दूतावास की छत पर बैठा।

आम आदमी ने ठंडी साँस ली और बारिश के कारण रास्ते पर बने गड्ढों से अपने को बचाते हुए घर की ओर चल पड़ा।

किस्सा किरासन का

आम आदमी ने रसोईघर के कोने में लटके वेताल के शव को कन्धे पर लादा और अपनी राह चलने लगा। वेताल ने मन-ही-मन उसके कन्धों पर झूलने का आनन्द लेते हुए कहा, ''हे आम आदमी! तुम आखिर चाहते क्या हो मुझसे? तुम कितनी भी कोशिश करो, मैं अपने गुणधर्म से नहीं हटूँगा और हर बार तुम्हें एक-न-एक कहानी सुनाता ही रहूँगा। आज भी मैं तुम्हें जम्बू द्वीप के एक घर की कहानी सुनाऊँगा। ऐसे कई घर तुम्हें रोजमर्रा के जीवन में नजर आएँगे।''

आम आदमी ने मन-ही-मन सर पीट लिया, 'फिर एक कहानी? खैर बच्चू तुम अपना गुणधर्म मत छोड़ो, मैं भी अपने प्रयत्न पर डटा रहूँगा। देखें, कौन जीतता है।' पर प्रकट में वह मौन रहने को बाध्य था। वेताल ने उसके मौन को सम्मति मानकर कहानी सुनाना शुरू कर दिया–

जम्बू द्वीप में एक शहर था। शहर में एक परिवार था। खाता-पीता परिवार! हाल ही में एक नई दुलहन ब्याह कर लाई गई थी। नए परिवेश में वह अपने आपको साधने की कोशिश कर रही थी। सास-ससुर के साथ अदब से पेश आने और पति को खुश रखने के साथ-साथ वह दीपू को भी पढ़ाया करती थी। दीपू उसका देवर था–छोटा। स्कूल में पढ़ता था।

पर तमाम कोशिशों के बावजूद कहीं कुछ कमी थी। दुलहन समझ नहीं पा रही थी कि वह कैसी कमी है। 'नई-नई शादी में ऐसा मुकाम आया ही करता है। धीरे-धीरे सब ठीक हो जाएगा,'–कई सहेलियों ने उसे यही आशा बँधाई थी, ढाढ़स बँधाया था।

पतिदेव आज सुबह-सुबह जरा गुस्से में ही काम पर निकल गए थे। सास-ससुर अपने कमरे में बैठे-बैठे कुछ गुफ्तगू कर रहे थे। दीपू की रटाई

या कहें तो पढ़ाई चल रही थी, "...एक रंगहीन ज्वालाग्राही पदार्थ होता है। पर उसकी अपनी ही विशिष्ट महक होती है।"

"किस चीज की पढ़ाई हो रही है, दीपू?"

"केमेस्ट्री की! मैं किरासन के गुणधर्म याद कर रहा हूँ।" दीपू का रटना जारी रहा।

किरासन के गुणधर्म! दुलहन को हँसी आई। आजकल इतनी छोटी उम्र में केमेस्ट्री और उसमें भी गुणधर्म किसके? किरासन के। खैर, इन निर्जीव

पदार्थों के गुण कम-से-कम एक जैसे तो होते हैं, मनुष्य की तरह स्थान, काल या पात्र के अनुसार बदलते तो नहीं रहते।

"पर सुनो, सिर्फ तोता-रटन्त ही मत करते रहो। कम-से-कम एक बार लिख डालो। याद रखने में मदद होती है।" दीपू को सलाह देकर दुलहन ने रसोईघर की ओर रुख किया। काम जल्दी-जल्दी निपटाना था।

तभी खटके की आवाज से वह चौंकी। रसोईघर का दरवाजा बन्द हो गया था। जरूर यह दीपू की शरारत होगी। उसकी उम्र ही ऐसी शरारत करने की है। जितनी हड़बड़ी दिखाऊँगी, उतनी ही वह खोलने में देर लगाएगा। थोड़ी देर चुप रहूँ तो खुद आकर चिटकनी खोल देगा। चलो सब्जी ही काट ली जाए।

पर सब्जी काटते-काटते एक तीखी बू उसके नथूनों में आ घुसी। मुड़कर देखा तो धुएँ का नीला-सा तैरता बादल और उसमें एक चेहरा। उसने खुद को चिकोटी काटी।

"नहीं-नहीं, तुम कोई सपना नहीं देख रही हो। मैं वास्तव में तुम्हारे सामने हूँ। किरासन नाम है मेरा।"

"किरासन...यानी..."

"हाँ-हाँ, किरासन यानी मिट्टी का तेल।" वह विकट हँसी हँसा।

"पर तुम...यहाँ...कोई खास बात..." उसे गड़बड़ी का अन्देशा हुआ। वह पीछे हटने लगी।

"दरवाजे की तरफ मत बढ़ो। वह बाहर से बन्द है। मैं अपने काम से यहाँ आया हूँ। तुम मेरा भक्ष्य हो।"

"मैं और तुम्हारा भक्ष्य! क्यूँ भला? मैंने क्या बिगाड़ा है तुम्हारा?" अब इसे बातों में उलझाकर रखना पड़ेगा ताकि कोई बाहर से आकर दरवाजा खोल दे। मन-ही-मन वह डर गई थी, पर ऊपर से वैसा व्यक्त नहीं किया।

"भला मेरा तुम क्या बिगाड़ोगी! पर क्या तुम्हें मेरे गुणधर्म मालूम नहीं?"

"वह तो मालूम है। तुम एक रंगहीन ज्वालाग्राही द्रव पदार्थ हो। तुम्हारी अपनी विशिष्ट महक है!"

"हा-हा-हा! रटा सही है। पर यह सब किताबों में ही ठीक है। वास्तविकता तो यह है कि औरतों के मामले में मैं अधिक आग्रही या कहो कि ज्वालाग्राही हूँ।"

"पर तुम सबके मामले में ज्वालाग्राही थोड़े ही हो। कइयों को तो छोड़ ही देते होंगे।" अब बातों में इसे उलझाकर समय बिताना जरूरी था। यह दीपू भी...

"तुम ठीक कहती हो। शादीशुदा औरतों के मामले में मैं और अधिक ज्वालाग्राही हूँ। तुम हो न शादीशुदा?"

न कहने की गुंजाइश भी कहाँ थी, "पर यह बताओ कि तुम जो कम और अधिक ज्वालाग्राही होने की बात कर रहे हो, वह केमेस्ट्री की दृष्टि से तो ठीक नहीं है। तुम्हारी नजर में तो सारी सजीव सृष्टि एक-सी होनी चाहिए।"

"हा-हाऽ। चली है मुझे केमेस्ट्री सिखाने। दुनिया में क्या वही एक शास्त्र है? संख्याशास्त्र का नाम सुना है या नहीं? संख्याशास्त्र की दृष्टि से देखा जाए तो मैं विवाहिताओं को अपना भक्ष्य बनाना अधिक पसन्द करता हूँ।"

"पर तुम हर शादीशुदा औरत को थोड़े ही भक्ष्य बनाते हो? ऐसा होता तो शादीशुदा औरतें बचती ही नहीं।" दुलहन का डर अब बढ़ने लगा था। यह दीपू भी पता नहीं क्या कर रहा है। शरारत की भी एक सीमा होती है।

"न-न! मैं सारी विवाहित स्त्रियों को कहाँ शिकार बनाता हूँ? सच बताऊँ, शादी के पश्चात् जैसे-जैसे समय गुजरता जाता है, वैसे-वैसे मेरी ज्वालाग्राहिता घटती जाती है। कभी पढ़ा है अखबार में कि स्टोव के विस्फोट से पैंतालीस वर्षीया विवाहिता की मृत्यु हुई हो? दुलहन जितनी नई, उतना ही मैं अधिक ज्वालाग्राही होता हूँ। तुम्हारी भी हाल ही में शादी हुई है न?"

'यह हर सवाल के साथ मुझे फाँस रहा है।' दुलहन ने सोचा। पर अब कोई उपाय नहीं था। बहस जितनी लम्बी खिंचे, उतना उसके लिए अच्छा था, "हाल ही में क्या? कोई एक साल होने को आ गया, और जहाँ तक संख्याशास्त्र का प्रश्न है, तुम हर नई दुलहन को थोड़े ही निशाना बनाते हो। सच पूछा जाए तो बहुत ही कम नववधुएँ तुम्हारा लक्ष्य बनती हैं।"

किरासन को न जाने क्यों यम से बहस करने वाली सावित्री की याद आ गई। पर वह लाचार था। वह कोई थोड़े ही था। उसने कहा, "तुम्हारी बात सही है। जिनको शादी के बाद जल्दी लड़का हो जाता है, उनको मैं छोड़ देता हूँ; पर तुम्हारे तो पाँव भी भारी नहीं हुए हैं।"

अब इस नासपीटे को क्या जवाब दिया जाए? 'पहला बच्चा अभी नहीं' की सलाह देने वाली उस सरकारी डॉक्टर से जाकर पूछे मुआ। और फिर शादी क्या महज बच्चे पैदा करने का माध्यम है? पर बहस को लम्बा तो खींचना था। यह दीपू न जाने कहाँ गायब हो गया। उसके रटने की आवाज भी सुनाई नहीं दे रही। कम-से-कम माँजी ने तो दरवाजा खोला होता! डर के बावजूद उसने साहस कर पूछा, "हो सकता है कि मैंने इसमें थोड़ी ढिलाई दे दी हो; पर क्या सारी नई दुलहन किरासन का शिकार बन जाती हैं?"

"नहीं। पर उसके लिए कुछ प्रयत्न करने पड़ते हैं। मेरी ज्वालाग्राहिता को कम करने के लिए भारी-भरकम दहेज लाना पड़ता है, ताकि सास-ससुर खुश हो जाएँ। दूल्हे की खुशी के लिए टी.वी., वी.सी.आर., वाशिंग मशीन वगैरह लाने पड़ते हैं। तुम लाई थीं यह सब?"

इस कम्बख्त को कोई सारी बातें बता चुका है। पर क्या भारी-भरकम दहेज न लाना इतना बड़ा गुनाह है? फिर बाबा को और दो बेटियों की शादी भी तो करनी है? शादी के समय तो बड़ी सादगी दर्शाई थी इन लोगों ने, 'हमारी कोई खास माँग नहीं है। जो आप लोग उचित समझें, करें, और बाद में तैश दिखाने लगे। यह नहीं मिला, वह नहीं मिला।' पर बात इस स्तर पर पहुँचेगी, ऐसा उसने नहीं सोचा था।

"तुम्हें किसने कहा कि मेरे सास-ससुर खुश नहीं हैं?"

"हाऽ-हाऽ-हाऽ!" फिर वही विकट हँसी, "किसने बताया? बेवकूफ औरत! मेरे पास आकर मिन्नतें किसने कीं? यह दरवाजा बाहर से किसने बन्द किया? और अभी दीपू को किसने बाजार भेज दिया है? खैर, अब ज्यादा समय गँवाने का कोई मतलब नहीं है। मुझे अपना काम निपटा लेने दो।"

दुलहन के शरीर में एक सिहरन-सी दौड़ गई। तो दरवाजा दीपू ने बन्द नहीं किया था! और अगर उसे बाजार भेज दिया हो तो फिर उसके लौटने में काफी देर लगेगी। अब इस संकट से कैसे मुक्ति पाई जाए। मायके में उसने

बातों में क्या, कभी चिट्ठी तक में यहाँ की बातों का जिक्र नहीं किया था। माँ–बाप को बेवजह तकलीफ पहुँचाने का कोई मतलब नहीं था। अब अगर यहाँ कुछ हो भी गया तो उन्हें कोई शक नहीं होगा। खैर, अब पछताने से भी क्या लाभ! पहले इस झंझट से तो उबरा जाए।

"तुम्हें जरूर कुछ गलतफहमी हुई। मेरे सास–ससुर तुम्हें यह काम कभी नहीं सौंप सकते। तुम्हें जरूर सुनने में कोई भूल हुई है। मुझे एक मौका और दो, मैं अवश्य ही कुछ करूँगी। बाबा को कहकर कुछ और चीजें भेंट में मँगाऊँगी। इनसे कहूँगी। जल्दी ही इस घर में पालना हिलेगा, किलकारियाँ सुनाई देंगी। मेरा अनुभव ही कितना है? इसका भी तो खयाल करो। केवल एक मौका दो मुझे।"

किरासन को अब और देर नहीं करनी थी। दुलहन की विनती सुनकर वह नहीं पसीजा। आखिर उसे भी तो बढ़ती स्पर्धा में अपनी बढ़त कायम रखनी थी। धुएँ का गुबार और बड़ा हो गया था। तीखी महक वाले रंगहीन ज्वालाग्राही द्रव के फव्वारे से दुलहन का सारा शरीर भीग गया। वह दरवाजे की ओर भागी और प्राणर्पण से उसे खोलने की चेष्टा करने लगी, पर तब तक उसके कपड़े आग पकड़ चुके थे।

अस्पताल में जब वह दाखिल हुई, उसके शरीर पर 90 प्रतिशत जलने के जख्म थे। जल्दी ही उसने दम तोड़ दिया। माँ की आर्त पुकार, बाबा की पथराई आँखें इन सबकी उस तक खबर भी नहीं पहुँची। किरासन ने अपना काम निर्विकार भाव से कर डाला था।

दीपू स्तब्ध था। पंचनामे में उसकी केमेस्ट्री की नोटबुक भी जब्त हुई थी। पढ़ते हुए पहली बार उसने रटे हुए सबक को याद रखने के लिए लिखने का प्रयास किया था। तभी उसे बाजार भेज दिया गया था। आकर देखा तो भाभी की यह अवस्था। केमेस्ट्री की नोटबुक को कसकर सीने से भींचे वह खड़ा रहा था। उसके आँसुओं ने उसके लिखे वाक्य को धूमिल कर दिया था– 'किरासन एक रंगहीन ज्वालाग्राही द्रव पदार्थ है।'

कहानी सुनाने के बाद वेताल ने पूछा, "हे आम आदमी! दो बातें मेरी समझ में नहीं आतीं। किरासन ने दुलहन की विनती को क्यों ठुकरा दिया और यह कौन सी स्पर्धा थी, जिसमें किरासन को बढ़त कायम रखनी थीं अगर

जान-बूझकर तुमने इन प्रश्नों का उत्तर नहीं दिया तो तुम्हारे सर के सैकड़ों टुकड़े हो जाएँगे।''

उदास मन से आम आदमी ने उत्तर दिया, ''हे वेताल! मुझे पता था कि तुम ऐसा ही कोई सवाल मुझसे पूछोगे। जिस तरह तुम अपना गुणधर्म नहीं छोड़ते, किरासन ने भी अपना गुणधर्म नहीं छोड़ा। अगर आज उसने दया दिखाकर एक दुलहन को बख्श दिया होता तो कल दूसरी, परसों तीसरी दुलहन की याचना भी उसे स्वीकार करनी पड़ती और अगर यही सिलसिला चलता रहता तो मनुष्य के साथ-साथ मिलकर ज्वालाग्राही पदार्थों में जो खास जगह उसने अपने लिए बना रखी थी, उस पर आँच आ जाती। आज अगर उसने अपने काम में ढीलापन दिखाया होता तो कल उसकी जगह पेट्रोल ले लेता। स्पर्धा और निजीकरण के इस दौर में यह जोखिम उठाना उसके लिए समझदारी का काम नहीं था। अत: शराफत और इंसानियत जैसे भावुक विचारों में आकर दुलहन को एक अवसर देना उसने उचित नहीं समझा।''

''तुममें दुनियादारी की सही समझ है, दोस्त!'' वेताल ने एक गहरी साँस छोड़कर कहा। पर चूँकि आम आदमी का मौन भंग हो चुका था, वह जाकर वापस रसोईघर में किरासन के डिब्बे से लटक गया।

आम आदमी ने जाते वेताल पर एक उचटती दृष्टि डाली और अपनी राह चल पड़ा। तभी फुटपाथ पर पड़े अखबार की सुर्खियों पर उसकी नजर पड़ी, 'स्टोव के विस्फोट से जलकर नवविवाहिता की आकस्मिक मौत।'

भई, हम यहाँ हैं

भाई, सुना आप हमें खोज रहे थे? अरे हमें पहचाना नहीं? हम हैं चिन्तक, बुद्धिजीवी, मनीषी–'इंटलेक्चुअल्स', अब समझे आप। लेकिन आप हमें उधर क्यों खोज रहे थे? उन गँवार, सॉरी, हमारा मतलब है अंडर प्रिविलेज्ड लोगों में? हम वहाँ कैसे मिलेंगे? मेरा मतलब है, हम वहाँ होते तो मनीषी कैसे होते? क्या कहा? आप माटी की गन्ध तलाश रहे हैं। क्या बचकानी बात है, ब्रूट पसन्द नहीं? आप भी...खैर छोड़िए। आपको समाधानों की तलाश है न? आइए, आइए हमारे साथ।

इस ओर क्यों? जनाब, नहीं तो किस ओर जाएँगे। यहाँ सारी सुविधाएँ हैं। ग्रीक मिथोलॉजी से लेकर हेगेल, मार्क्स, सार्त्र, डलास फ्रीडमॅन...सारी लाइब्रेरी सुविधाएँ मौजूद हैं। नहीं, 'इजम्' की कोई पाबन्दी नहीं सारे ही इम्पोर्टेड विचार हैं, पेपर तैयार करने के लिए सारा माहौल है। ए.सी. लाइब्रेरी है, वहाँ लेटेस्ट पत्र-पत्रिकाएँ हैं। कॉफी हाउस है, बढ़ियाँ कॉन्फरेंस हॉल हैं।

ये सब सुविधाएँ न हों तो कैसे चलेगा? आपका मतलब है बिना फॉरेन राइटर्स को पढ़े हल ढूँढ़ने की कोशिश करेंगे? अपने यहाँ के लोग? अजी छोड़िए। न-न, हम तो नहीं पढ़ते, लिटरेचर तक नहीं। निर्मल वर्मा, पु.ल. देशपांडे, करंथ, दुष्यन्त कुमार। नहीं साहब, आप क्या इन्हें काफ्का की बराबरी में रख रहे हैं? कई भाषाओं में अनुवाद हुए हैं? होंगे, सो वॉट? और फिर बताइए इनके रेफरेंस 'कोट' किए तो कोई स्कॉलरशिप मिलेगी? फॉरेन जा पाएँगे आप? जरूरी नहीं है? अब कैसे समझाएँ आपको, भाई साहब? आप ही बताइए, विंड-मिल पर रिसर्च कहीं इंडिया में सम्भव है? उसके लिए हॉलैंड तो जाना ही पड़ेगा। सोशल वर्क के रिसर्च में भी अब इतनी नफासत आ चुकी है कि पूछिए मत। स्टेट्स में सारी सुविधाएँ उपलब्ध हैं। क्या

फरमाया आपने? बाबा आम्टे, सुन्दरलाल बहुगुणा, अनिल सद् गोपाल—ये लोग...अब उनका ठीक है साहब। हम, तो थिंक-टैंक हैं। हमें तो माहौल चाहिए, समस्याओं का अध्ययन करने, विचार करने और समाधान ढूँढ़ने के लिए। फील्ड में जाने के बाद आम आदमी इनसे कट-सा जाता है। फिर सेमिनार, विदेश-भ्रमण, तरक्की वगैरह और लोग हड़प जाते हैं। ये सब महज सीढ़ियाँ हैं? मंजिल नहीं? ठीक है, पर इन्हीं के बल पर तो हम चल रहे हैं। क्या कहा? ये बैसाखियाँ बन गई हैं! होंगी। अब देखिए भाईजान, थोड़ा

फ्रैंकली आपको बोल दें। सीढ़ियों को बैसाखियों में बदलना एक कला है। अब आप उसमें पारंगत नहीं हैं तो हम क्या करें?

वाह, बहुत बढ़िया वाक्य कहा आपने कि राजा, विद्वान और संन्यासी ये ही तीन वर्ग किसी समाज को नेतृत्व देते हैं। कुहासे से किरण को बाहर लाते हैं। बिल्कुल सही जनाब! राजाओं ने यानी इन राजनीतिज्ञों ने तो देश की ऐसी की तैसी कर दी है। क्या? आप हम पर तोहमत लगा रहे हैं। विद्वानों ने भी समाज को छला है? तो आप चाहते हैं कि हम कुहासे में घुसें..., वाह, माफ कीजिए। हम समाधानों की दुनिया में जीते हैं। समस्याओं की नहीं। समस्याओं की दुनिया में गए बिना..., हाँ, हाँ क्या कहा—समाधान अवास्तविक है? भई, आप बार-बार हमें उधर क्यों जाने को कह रहे हैं? क्या है वहाँ? गरीबी, गन्दगी, निरक्षरता। वहाँ बल्ब तक नहीं है और हमें कह रहे हैं वहाँ जाकर अध्ययन करो। विश्वासघात? हाँ, चिल्लाओ विश्वासघात! हमारी न्यूनतम सुविधाएँ तो साला आपका समाज अफोर्ड नहीं कर पाता, फिर भी हम वहाँ जाकर रहें?

नहीं चाहिए आपको यह माहौल? तो फूटिए। इतना समझा रहे हैं कि आप भी यहाँ आइए, हमारे साथ शामिल होकर कुछ क्रिएटिव काम कीजिए! क्या करेंगे उस दुनिया में रहकर?

और साहब, अब और वक्त नहीं है आपको समझाने को। कल की कॉन्फरेंस में समाज में इंटलेक्चुअल्स के रोल पर हमारा की-नोट एड्रेस है। बाय!

त्रिशंकु की हवाई-यात्रा

आम आदमी ने बोइंग की छत पर चिपके वेताल के शव को उतारकर कन्धे पर लादा और 'राष्ट्रीय आगमन' के प्रवेश-द्वार की ओर चल पड़ा। वेताल ने उसके जीवट और धैर्य को मन-ही-मन सराहा और कहा, "हे आम आदमी! पता नहीं मुझे वश में कर तुम ऐसा क्या हासिल करना चाहते हो, जिसके लिए तुम इंडियन एयरलाइंस के बार-बार सफर करने जैसी कठिन तपस्या से भी पीछे नहीं हटते। मुझे डर है कि तुम्हारी हालत भी कहीं उस त्रिशंकु जैसी न हो जाए जो आजीवन मँझधार में लटका रह गया। आओ, तुम्हारी थकान मिटाने के लिए मैं तुम्हें वह कहानी सुना ही दूँ।"

आम आदमी ने उसे मन-ही-मन कोसा कि भलेमानस, कहानी सुनने के लिए मैं वैसे ही मजबूर हूँ जैसे इंडियन एयरलाइंस से सफर करने के लिए। पर प्रकट में वह चुप रहा। वेताल ने उसे कहानी सुनाना शुरू किया।

त्रिशंकु शहर के चर्चित व्यक्तियों में से था—एक निजी कम्पनी का डायरेक्टर, हँसमुख और मिलनसार स्वभाव के लिए प्रसिद्ध, पार्टियों की रौनक, प्रतिस्पर्धियों के लिए ईर्ष्या का विषय। कुल मिलाकर छोटी-सी उम्र में न जाने क्या-क्या! उसने असम्भव शब्द को अपने शब्दकोश से हटाने की हर सम्भव कोशिश की थी।

इसलिए जब उसकी सेक्रेटरी ने चिन्तित स्वर में उसे बताया कि इंडियन एयरलाइंस के उड़ान की प्रतीक्षा-सूची में उसका क्रमांक 108 है तो वह हताश नहीं हुआ था। देश में प्राइवेट एयरलाइंस के आने की चर्चा में उसने कभी भाग नहीं लिया था, न ही वह उनके आने के पक्ष में था। नारद उसके लिए हमेशा वी.आई.पी., कोटे का इन्तजाम करवा देता था। इससे

उसकी उन पर भी धाक बढ़ती थी, जो ऐन मौके पर कोटे से कन्फर्मेशन नहीं जुटा पाते थे। पर इस बार वहाँ भी निराशा हाथ लगी। ''जब से असन्तुष्ट गुट अपनी माँगों के समर्थन में जाने लगे हैं, सर, वी.आई.पी. कोटा मिलना मुश्किल–सा हो गया है और वेटिंग लिस्ट भी लम्बी होती जा रही है। अगर अन्तिम मौके पर कोई टिकट रद्द हो तो चांस है।''

पर त्रिशंकु ऐसे चांस पर कोई काम नहीं छोड़ता था। उसने दिमागी घोड़े दौड़ाए और आशा की सही किरण को खोज निकाला–गुरु विश्वामित्र। हवाई–अड्डे के तकनीकी स्टाफ में बड़े ओहदे पर। एक पार्टी में मेजबान ने जब पहली बार परिचय कराया था तो कहा था, "यार, काफी पावरफुल आदमी है।" 'यूनियन'? त्रिशंकु की प्रश्नार्थक मुद्रा से सहमति में मेजबान का सर हिला था। आमतौर पर गम्भीर और अलूफ विश्वामित्र की त्रिशंकु से अच्छी बनती थी।

अपनी शरण में आए त्रिशंकु की समस्या को विश्वामित्र ने गम्भीरता से सुना। उसका जाना जरूरी था। "कोई बात नहीं वत्स, काम हो जाएगा।"

"पर 108..."

"कोई चिन्ता ना करो।" विश्वामित्र हँसे, "हम श्री श्री 108 हैं। हमारी अनुमति के बिना हवाई–अड्डे का कोई चक्का नहीं घूमता। कल मिल लेना।"

दूसरे दिन नियत समय पर त्रिशंकु हवाई–अड्डे पर पहुँचा। उड़ान दो घंटे विलम्ब से थी। उसका प्रतीक्षा–सूची में क्रमांक 108 से घटकर 99 पर आया था। इस 99 के चक्कर में पड़ने की बजाय उसने टिकट को विश्वामित्र के हवाले किया और रेस्तराँ में बैठा प्रतीक्षा करने लगा। उसे पता ही नहीं चला कब विश्वामित्र उसके पीछे आ खड़े हुए। त्रिशंकु के कन्धे पर हल्की–सी थपकी देते हुए उन्होंने कहा, "यह लो तुम्हारा बोर्डिंग कार्ड।"

"आपको बहुत–बहुत..."

त्रिशंकु के वाक्य को उन्होंने बीच में ही काट दिया, "धन्यवाद मेरा नहीं, वैशम्पायन का अदा करो। वही इस उड़ान की ड्यूटी पर था।"

एक–दूसरे से विदा लेते वक्त दोनों को गुमान तक नहीं था कि वे अनजाने में एक बवंडर का सूत्रपात कर चुके थे।

उर्वशी ने यात्रियों की गिनती की तो उसे एक यात्री अधिक नजर आया। वह कुछ चिहुँकी। हो न हो, उसने सोचा, यह थकान और उड़ान की देरी की वजह से होने वाली ऊब का नतीजा है। पर फिर से गिनती करने पर

नतीजा वही। शेष में आए सज्जन खाली सीट के लिए अपनी खोजी नजर इधर-उधर दौड़ा रहे थे।

कप्तान इन्द्र को जब इसकी सूचना मिली, वे बड़े बौखलाए। यह झंझट बार-बार मेरे ही मत्थे क्यों पड़ता है। इन्हें कुछ दिन पहले का वह हादसा याद आया जब उनकी नौकरी बाल-बाल बच गई थी। विमान में एक-दो नहीं, सत्रह मुसाफिरों को खड़ा रखकर ले जाना पड़ा था। जवाब-तलबी हुई थी। अखबारों ने काफी तूल दे उछाला था मामला। जिन मजबूरियों के तहत खड़े प्रवासियों को ले जाना पड़ा उन्हें समझने की न किसी ने कोशिश की, न ही जिनके दबाव ने यह अनियमितता करवाई वे इन्द्र की मदद को आए। वह तो भला हो यूनियन में उनके ओहदे का, वरना नौकरी तो जा ही रही थी। ''कोई एक्सट्रा यात्री नहीं जाएगा मोहतरमा!'' उन्होंने सख्ती से कहा, ''सब के बोर्डिंग कार्ड चेक करो।''

बोर्डिंग कार्डों की जाँच से कोई आगा-पीछा निकलना नहीं था। हारकर इन्द्र ने काउंटर की तालिका मँगवाई और हर यात्री के टिकट को उसे मिलाने का आदेश दिया।

बकरे की माँ कब तक खैर मनाती? आखिरकार त्रिशंकु की बारी आ ही गई। प्रतीक्षा-सूची में इतना नीचे होने के बावजूद वह बोर्डिंग कार्ड कैसे पा गया, इसका कोई सन्तोषजनक उत्तर उसके पास नहीं था। उसने काफी मिन्नतें कीं—इन्द्र को समझाया-बुझाया 'एडजस्ट' कर लेने की बात कही, पर इन्द्र नहीं माने। आखिरकार त्रिशंकु ने उन्हें बता ही दिया कि बोर्डिंग कार्ड उसे गुरु विश्वामित्र ने दिया था।

और कोई समय होता तो शायद इन्द्र जब्त कर जाते। लेकिन यहाँ सुबह से आरम्भ हुई ड्यूटी, उड़ान की देरी और उसकी ओर लगी हुई उर्वशी की नजरों ने कुल मिलाकर न जाने क्या किया कि वे बरस पड़े और 'उस विश्वामित्र की ऐसी की तैसी 'से त्रिशंकु का स्वागत करते हुए उसे विमान से बाहर जाने को कह दिया।

विधि का जैसा विधान था, विश्वामित्र की उत्सुकता उन्हें विमान के पास ले आई थी कि इतनी देर हुई विमान की सीढ़ी को निकाला क्यों नहीं

जा रहा है। वे बस औपचारिक पूछताछ के लिए आए थे कि विमान में कहीं तकनीकी खराबी न हो।

चेहरे पर मुर्दनी और हाथ में बैग लिये त्रिशंकु को सीढ़ियों से नीचे उतरते देख उनका माथा ठनका। तेज कदमों से वह सीढ़ियों की ओर लपके और पूछा, "क्या हुआ?"

त्रिशंकु को मानो तिनके का सहारा मिला। उसने सारी कहानी सुनाई। सुनकर विश्वामित्र तमके, "तुम चलो विमान में वापस। मैं देखता हूँ, कैसे नहीं ले जाते।"

विमान में वापस आए त्रिशंकु की ढिठाई पर उर्वशी को आश्चर्य हुआ, पर सीढ़ियों के नीचे त्योरियाँ चढ़ाए हुए विश्वामित्र को देख उसकी समझ में माजरा आ गया। उसने इन्द्र को खबर दी। बिफरे हुए कप्तान इन्द्र बाहर आए और त्रिशंकु को लेकर विमान से बाहर सीढ़ियों पर पहुँचे।

फिर बहस, उत्तर-प्रत्युत्तर, चेतावनियों-प्रति-चेतावनियों का जो दौर चला उसकी खबर चारों ओर फैलने लगी। इन्द्र के अन्तिम निर्णय 'सीढ़ी हटाओ। इस त्रिशंकु को बाहर रखो और विमान जाएगा' पर कुपित हो विश्वामित्र ने आदेश दिया, "सीढ़ी नहीं हटेगी, पहले इस विमान का तकनीकी निरीक्षण होगा।"

और वे विमान के नीचे घुसकर मुआयना करने लगे। क्रुद्ध इन्द्र ने कहा, "कर लो जितना मुआयना करना है।"

पन्द्रह मिनट बाद गम्भीर चेहरे से विश्वामित्र ने कहा, "विमान नहीं जाएगा। इसमें तकनीकी खराबी है। सारे यात्रियों को नीचे उतरने को कहो।"

तमककर इन्द्र ने कहा, "यह नहीं होगा। मैं विमान ले जाऊँगा।"

विश्वामित्र मुस्कराए, "अपने रिस्क पर ले जाना, मैं पड़ताल की रिपोर्ट में लिख देता हूँ। बाद में भुगतना।"

इस अस्त्र की काट इन्द्र के पास नहीं थी। वे कटकर रह गए। सारे यात्रियों को उतारा गया। विश्वामित्र की नजरें कह रही थीं–'अब भी मान जाओ।'

इन्द्र के लिए अब यह प्रतिष्ठा का प्रश्न था। उन्होंने दूसरा विमान मँगाया। विश्वामित्र ने एक कुशल योद्धा की तरह उसे भी उड़ान के अयोग्य घोषित कर डाला। सारे यात्री इन्द्र को कोसने लगे। विश्वामित्र की मुस्कान गहरी हुई।

उर्वशी ने इन्द्र को समझाया। ऐसे कई पिछले मौकों की याद दिलाई जब विजय पाने के लिए इन्द्र ने अस्थायी तौर पर पीछे हटना स्वीकार किया था। इन्द्र को उसकी बात में समझदारी नजर आई; पर उसके साथ ही उन्होंने अपने अमोघ अस्त्र का प्रयोग करने का निश्चय किया। तीसरे विमान में त्रिशंकु समेत सारे यात्रियों को बैठाकर सीढ़ी जब तक हटी तब तक उन्होंने सारे वैमानिकों तक अपना सन्देश पहुँचा दिया था। जैसे ही उनके विमान ने हवाई-पट्टी पर दौड़ लगाकर हवा में उठना शुरू किया, सारे वैमानिकों ने इन्द्र के अमोघ अस्त्र को अपना बल प्रदान किया– 'आकस्मिक हड़ताल।'

एयरलाइंस के मैनेजर ब्रह्मा को जब खबर मिली तो वे बड़े बौखलाए। देवों और ऋषियों का ऐसा द्वन्द्व तो बंटाधार कर गुजरेगा। आखिर सारे प्राइवेट एयरलाइंस वाले इसी द्वन्द्व की ताक में बैठे हैं। सरकारी एयरलाइंस का सत्यानाश हो, ताकि उन्हें अनुमति मिल जाए।

अपने 'पवनवेग' विमान में जब वे हवाई-अड्डे पर पहुँचे तब इन्द्र का विमान हवा में ही चक्कर काट रहा था। पूरी स्थिति का संक्षिप्त जायजा लेने के बाद ब्रह्मा ने विमान को नीचे उतरने का आदेश दिया।

समस्या सुलझाने के लिए बातचीत होने लगी। दोनों पक्षों को पता था कि एक छोटी-सी बात का बतंगड़ बन चुका था। पर पीछे हटने को कोई भी तैयार नहीं था। देवताओं की माँग थी कि त्रिशंकु विमान में नहीं घुसेगा और ऋषि अड़े हुए थे कि वह नीचे नहीं उतरेगा। दोनों के लिए यह प्रतिष्ठा का प्रश्न बन चुका था।

ब्रह्मा आशावादी थे। उनकी दृष्टि में हर समस्या का कोई-न-कोई समाधान हुआ करता था। अतीत में भी ऐसी कई समस्याएँ आई थीं। हिरण्यकशिपु को मिले वरदान ने भी ऐसी ही समस्या खड़ी की थी। उसे न दिन में मरना था, न रात में, न घर के अन्दर न बाहर, न आदमी द्वारा, न पशु

द्वारा। बलिहारी हो विष्णु की बुद्धि की। उसे नृसिंह रूप में, गोधूलि बेला में, घर की दहलीज पर मारा था।

ऐसा ही कुछ निदान ब्रह्मा की कूटबुद्धि में आया। उन्होंने गुप्त यंत्रणा-कक्ष में इन्द्र और विश्वामित्र को बुलाया। दोनों ही सकपकाए। पर ब्रह्मा ने उन्हें इतिहास का हवाला दिया, नीतिशास्त्र का हवाला दिया, परम्पराओं का उदाहरण दिया और समझाया कि कैसे समष्टि व्यक्ति से बड़ी होती है। कुल मिलाकर दोनों गुट इस समाधान पर राजी हो गए।

त्रिशंकु विमान की सीढ़ी पर खड़ा इन्तजार कर रहा था कि उसे ब्रह्मा नजर आए। ब्रह्मा ने मुस्कराकर उसकी ओर देखा और कहा, ''अच्छा, तो तुम्हीं वह त्रिशंकु हो जिसकी वजह से यह सारी समस्या उठ खड़ी हुई। खैर, कोई बात नहीं है, उसका समाधान भी हो जाएगा।''

त्रिशंकु को तसल्ली हुई। उसने पूछा, ''तो क्या मैं अन्दर बैठ जाऊँ।''

ब्रह्मा का सर न में हिला।

''तो मैं नीचे चला जाऊँ।''

ब्रह्मा ने फिर न में सर हिलाया।

त्रिशंकु अचम्भे में पड़ा, ''फिर मैं करूँ क्या?''

ब्रह्मा मुस्कुराए और बोले, ''वत्स! तुम अपनी आखिरी इच्छा बताओ।''

''आखिरी इच्छा?'' त्रिशंकु हैरान था, ''मेरा मीटिंग में जाना जरूरी है और आप यहाँ मुझसे मजाक कर रहे हैं।''

''मजाक नहीं, वत्स!'' ब्रह्मा गम्भीर हो गए, ''मैं वाकई तुम्हारी अन्तिम इच्छा जानना चाहता हूँ।''

''पर क्यों?'' त्रिशंकु कुछ भयभीत हुआ, ''मैं वापस चला जाता हूँ।''

''तुम कहीं नहीं जाओगे।'' ब्रह्मा ने कहा, ''तुम इसी सीढ़ी पर रह जाओगे एक पुतले के रूप में। न तुम विमान में जाओगे, न धरातल पर।''

''पर मैंने किया क्या है?''

''तुमने कुछ किया हो यह जरूरी नहीं है। पर इस समय का यही समाधान है।'' ब्रह्मा ने कहा।

''पर आप मुझे क्यों सजा दे रहे हैं? मैंने कोई गलती नहीं की।''

"सजा!" ब्रह्मा ठठाकर हँस पड़े, "तुमने कौन-से विषयों में शिक्षा प्राप्त की थी, वत्स?"

"नागरिक शास्त्र में, पर क्यों?"

ब्रह्मा मुस्कराए, "तभी तो। अच्छा होता अगर तुमने इतिहास पढ़ा होता। खैर, कोई बात नहीं और हाँ, तुम्हारा यह पुतला सीढ़ी समेत हमारे मुख्यालय के बगीचे की शोभा बढ़ाएगा और जहाँ तक तुम्हारे परिवार के लोगों का सवाल है, उन्हें उचित मुआवजा भी मिलेगा।"

"नहीं।" त्रिशंकु चीखा।

उसने भागना चाहा, पर उसके पैर सीढ़ी से चिपक गए थे।

ब्रह्मा का हाथ आशीर्वाद की मुद्रा में उठा और त्रिशंकु बुत में बदल गया।

कहानी सुनाकर वेताल ने आम आदमी से पूछा, "हे आम आदमी! ब्रह्मा का यह कैसा समाधान था? उन्होंने इतिहास बनाम नागरिक शास्त्र की बात क्यों उठाई और मुआवजे का जिक्र क्यों किया? अगर जानते हुए भी तुमने इन प्रश्नों का उत्तर नहीं दिया तो तुम्हारे सर के वैसे ही टुकड़े-टुकड़े हो जाएँगे जैसे किसी दुर्घटनाग्रस्त विमान के।"

आम आदमी ने एक ठंडी साँस भरी और कहा, "वेताल, मुझे मालूम था कि तुम ऐसे सीधे-सीधे सवाल पूछकर मेरा मौन भंग करना चाहोगे। खैर सुनो, जहाँ तक समाधान का प्रश्न है, दोनों पक्षों के अड़ियल रवैए को देखते हुए वही एक समाधान सम्भव था। इन्द्र की साख बच गई क्योंकि त्रिशंकु विमान में सवार होकर यात्रा नहीं कर पाया। विश्वामित्र की साख भी बची क्योंकि त्रिशंकु वापस धरती पर नहीं उतरा। यहाँ सही और गलत का कोई प्रश्न ही नहीं था—जैसी परिस्थितियाँ पनपीं उनमें सही और गलत जैसे शब्द बेमानी थे। इतिहास बनाम नागरिक शास्त्र का मुद्दा ब्रह्मा जी ने इसी सन्दर्भ में उठाया। नागरिक शास्त्र में जहाँ सही, गलत, अधिकार और कर्तव्य जैसे शब्द उठाए जाते हैं वहीं इतिहास गवाह है कि ऐसे हर संकट में सभी को बलि के एक बकरे की तलाश रहती है। इस संकट में वह भूमिका त्रिशंकु ने निभाई।

''रहा मुआवजे का प्रश्न! ब्रह्मा ने वही किया जो नियमानुसार था। त्रिशंकु की मृत्यु एक दुर्घटना थी और बोर्डिंग पास पाए जाने की वजह से वह एक यात्री की हैसियत रखता था। अतः विमान–दुर्घटना में मृत्यु पर मुआवजा पाना उसके परिवारवालों का हक बनता था।''

''बहुत सही।'' सन्तुष्ट होकर वेताल ने कहा। चूँकि आम आदमी का मौन भंग हो चुका था वह वापस जाकर बोइंग विमान की दुम पर लटक गया।

आम आदमी ने ठंडी साँस भरी और धीरज के साथ देश में प्राइवेट एयरलाइंस आने की प्रतीक्षा करने लगा।

अन्धों का हाथी

जंगल काफी बड़ा था। क्यों न हो, आखिर उपमहाद्वीप के आकार का जो था। वे चारों अन्धे उसमें घूमने निकले थे। इस बार उन्हें तलाश थी हाथी की। जी हाँ, विकेन्द्रीकरण के हाथी की। जनता ने उनसे बड़ी फरमाइश की थी। जाओ, और पता लगाकर आओ कि यह हाथी कैसा होता है–विकेन्द्रीकरण का हाथी।

अब जनता ने फरमाइश कर ही दी तो क्या करते बेचारे, चल पड़े पता लगाने! यह जनता भी अजीब है। नित नई-नई बातों से मोहित हो जाती है। कोशिश तो बहुत की थी उसे समझाने की कि क्या करोगी विकेन्द्रीकरण को लेकर। पर वह माने तब न। ऊपर से कहती है, पिछले चालीस सालों से तुम लोगों के साथ हूँ, पर मेरी हालत वहीं-की-वहीं है। हालत सुधरी होगी तो तुम लोगों की। अबकी मैं नहीं मानूँगी। मुझे विकेन्द्रीकरण चाहिए ही।

अब कौन समझाए इसे कि चालीस वर्ष कोई बहुत ज्यादा नहीं होता और यह भी कि जनता से पहले अपनी हालत सुधारनी जरूरी है। तभी तो जनता की हालत सुधार पाएँगे। और फिर हम क्या निठल्ले बैठे हुए हैं? सारे अन्धे मिलकर अपनी हालत सुधारने में ही तो लगे हैं। पर जनता को नाराज भी तो नहीं किया जा सकता। उसे अधिकार जो मिला हुआ है तय करने का कि किस अन्धे को वह कुर्सी पर बिठाए और किसे उतारे। इसीलिए बाहर निकल पड़े सारे अन्धे–एक हाथी को ढूँढ़ लाने के लिए। हाथी यहीं, इसी जगह पड़ा मिल गया, पेड़ के नीचे। वह कुछ खाने में मस्त था। दरअसल वह जहाँ वर्षों पहले था अब भी वहीं है। इंच भर हिला-डुला नहीं है अपनी जगह से। आश्वासनों के विशाल पेड़ की छाया में पड़ा वह वर्षों से खाए जा रहा है समितियों की रिपोर्ट-पर-रिपोर्ट।

चारों अन्धों को अपने समीप आता देख उसने मुँह उठाकर एक जोरदार चिंघाड़ मारी। अन्धे डर गए। उन्हें हमेशा से ही विकेन्द्रीकरण से डर लगता था। कहीं वाकई वह जनता की हालत न सुधार दें। फिर भी साहस कर वे हाथी के पास गए।

पहले अन्धे ने आवाज से अनुमान लगाकर हाथी की सूँड़ पकड़ी! उसे टटोलते-टटोलते पाया कि यह तो बिल्कुल ठीक है, शीर्ष से ही शुरू होता है विकेन्द्रीकरण। अगर ऊपर से इशारा मिला तो सूँड़ जमीन तक पहुँचती है वरना अधर में लटकी रहती है। हम भी तो यही चाहते हैं। चेक सीधा दिल्ली से चले और गाँव को पहुँचे। ग्राम-प्रधान भी खुश और प्रधानमंत्री भी खुश। अगर बीच में कोई अड़चन आए भी तो अपना सरकारी एस.टी.डी. है ही। उठाओ फोन सीधा और लगाओ दिल्ली। यही है सही विकेन्द्रीकरण।

दूसरे अन्धे ने उसकी हाँ भरी, ''पर जब ग्राम-प्रधान तुम्हारी जमात का नहीं होगा तो लटका दोगे सूँड़ से उस चेक को झाड़ पर! और अगर फोन आएगा तो कह दोगे कनेक्शन खराब है। फिर यह जंगल भी तो कई राज्यों के मिलने से बना है। बाकी राज्य बेचारे टापते रह जाएँगे।''

उसकी चिढ़ स्वाभाविक थी क्योंकि उसकी जमात के कई अन्धे, राज्यों की कुर्सियों पर बैठे हुए थे। जबकि कुर्सी का असल हकदार वही था। उसने आगे बढ़कर हाथी हो छुआ। विशालकाय उदर! "वाह-वाह! यह सही जगह है, जहाँ आकर विकेन्द्रीकरण को रुक जाना चाहिए। हमने कई बार कहा है उस मूर्ति बनाने वाले रिपोर्टकार को—क्या नाम है उसका? हाँ सरकारिया! कि सरकारिया, ऐसी मूर्ति बनाओ कि जो कुछ भी हाथी के मुँह में जाए वह पेट तक आकर रुक जाए।"

"क्या मिलेगा, तुम्हें? लीद मिलेगी, लीद!" तीसरे ने प्रतिकार किया, "विकेन्द्रीकरण ऐसे बिल्कुल नहीं होता।" 'देख बे' वह आगे बढ़ा और हाथी के पैर से टकराकर गिर पड़ा, वहीं से टटोलते वह पाँव के ऊपरी हिस्से तक आया। उसने अपनी प्रतिक्रिया व्यक्त की, "ठीक खम्भे जैसा मोटा है और फिर ऊपर तक पहुँचता है। हमारी जमात में तो यह पिछले दस सालों से हो रहा है।"

"बस, इसीलिए एक-दो राज्यों में सिमटे पड़े हो।" चौथे ने चुटकी ली, "हमें देखो, एक राज्य में भी नहीं है, फिर भी सारे जंगल पर कब्जे की शेखी बघारते रहते हैं। मैं भी तो देखूँ? यह विकेन्द्रीकरण क्या बला है?"

उसके हाथ आई हाथी की दुम। उसे टटोलकर उसकी बाछें खिल गईं, "विकेन्द्रीकरण हो तो ऐसा, ठीक हमारी समाजवादी समाज की कल्पना के अनुरूप। हमारी वर्षों पुरानी विरासत से मेल खाता हुआ। सारा असली माल शहरों में व्यापारियों के हाथों सुरक्षित रहे और गाँवों के हाथ लगे बस सँकरी-सी दुम। यही धर्म भी है और इसके लिए जरूरत पड़ी तो हम दंगे भी करवाया करते हैं।"

"खबरदार जो दंगे की बात की!" पहला अन्धा गरजा, "तुम्हें दंगे करवाने का नहीं, सिर्फ दंगों के लिए बदनाम होने का लाइसेंस मिला हुआ है, समझे? पर हम लोग बात विकेन्द्रीकरण की कर रहे हैं। और वहाँ हमारे-तुम्हारे विचार मेल खाते हैं। हम शहरी सभ्यता के पुजारी हैं और तुम भी। बस हम जरा इंटरनेशनल हो गए हैं; पर तुम अभी तक हो कट्टर नेशनल! फिर भी इन दो गँवारों को छोड़ो और हमारा साथ दो, केन्द्र से चालित विकेन्द्रीकरण के लिए।"

चौथा अन्धा सोच में पड़ गया। तभी दूसरे अन्धे ने उसे कुहनी मारी, "अबे, चटखारे मत ले। तुझे वह कुर्सी कभी नहीं देगा। उसकी मदद की मत सोच। हम दोनों उसे हटाकर कुर्सी पर बैठ जाएँगे। विकेन्द्रीकरण की ऐसी-की-तैसी, पहले बैठकर कुर्सी खाली कराने का तालमेल करें, चलो।"

पहले अन्धे के कान तेज थे। उसने तुरन्त तीसरे की ओर रुख किया, "भाई, तुम तो विकेन्द्रीकरण के समर्थक हो, तुम्हारा-हमारा क्या झगड़ा? हम लोग मिलकर देखें क्या करना है?"

"सोचते हैं, सोचते हैं।" तीसरा भाव खाने लगा, "पहले हमारा वक्रेश्वर का मामला तो निपट जाए।"

"वह तो कभी हो जाएगा, मित्र। पहले इस विकेन्द्रीकरण का बिल तो पास हो जाए।"

"बिल, कैसा बिल?" तीसरे के कान खड़े हो गए।

"वही संविधान संशोधन का।" पहले ने जवाब दिया।

"तुमसे पूछकर ही बनाऊँगा उसका मसौदा।" तीसरा हैरत में पड़ गया; बोला, "वाकई मुझसे पूछकर बनाओगे?"

"हाँ-हाँ, तुमसे पूछकर ही फाइनल करूँगा, यह पकड़ो।" उसने तीसरे के हाथ में एक पोथी थमा दी।

ब्रेल लिपि तीसरे को भी आती थी। उसने पोथी को पढ़ा और कहा, "अरे, यह मसौदा तो पहले ही तैयार है। फिर मुझसे पूछना क्या?"

"अरे भाई, इतनी सीधी-सी बात नहीं समझते?" पहले ने उसे आँख मारी, "तुम्हारे राज्य में एक गोष्ठी के आयोजन का नाटक करेंगे, सबको बुलाएँगे, बकने देंगे सबको अपनी-अपनी। पर मसौदा तो यही रहेगा।"

"अच्छा बच्चू, तो यह बात है!" तीसरे ने कहा। फिर प्रकट रूप में बोला, "मैं जरा अपनी जमात से तो पूछ लूँ।"

दूसरे अन्धे ने देखा, मामला गड़बड़ा रहा है तो उसने हाँक लगाई, "ओ तीसरे, तू तो मेरा साथी है, तू कहाँ चला? आ, मिलकर पहले को कुर्सी से हटाएँ। राज्य से गाँव तक का विकेन्द्रीकरण तो तू कर ही रहा है। केन्द्र से राज्य तक का विकेन्द्रीकरण कराने में हमारी मदद कर।"

"पर राजर्षि, तू तो उस कट्टरपन्थी चौथे के साथ कानाफूसी कर रहा था। उसका-हमारा तालमेल कभी नहीं बैठ सकता।"

"अरे यार, उसका-तुम्हारा तालमेल कहाँ, तालमेल तो उसका मेरे साथ और मेरा तुम्हारे साथ है। वैसे भी हाथी का पेट वह जंक्शन होता है जहाँ पैर और दुम दोनों मिलते हैं। ऐसा करेंगे कि सत्ता हथियाने पर कुर्सी के बाएँ हत्थे पर तुम बैठ जाना और दाहिने हत्थे पर वह। बीच में मैं बैठ जाऊँगा। थोड़ा-सा दब तो जाऊँगा तुम दोनों के बीच, लेकिन चलेगा।"

पहले अन्धे का धैर्य अब जवाब दे चुका था। उसने जोर से कहा, "तुम सब रहो टापते, मैं तो बिल ला रहा हूँ केन्द्रशासित विकेन्द्रीकरण का। जनता को क्या? विकेन्द्रीकरण का नारा काफी है।" इतना कहकर वह बिल की रस्सी का एक छोर थामे, प्रचार का बिगुल उठाए, निकल पड़ा संसद की ओर।

"अरे-अरे, उसे रोको, रोको उसे, बिल पास हो गया तो हम सबका बंटाधार हो जाएगा।"

रस्साकशी शुरू हो गई। पहले ने नारा लगाया, "पंचायती राज जिन्दाबाद," बाकी दोनों अन्धों ने आवाज लगाई, "बिल को गिरा दो।"

चौथा असमंजस में पड़ा हुआ था; पर धीरे-धीरे उसका विचार भी दृढ़ हो गया। उसने सोचा विकेन्द्रीकरण को देखेंगे बाद में, पहले सत्ता की कुर्सी का दाहिना हाथ तो हथिया लें। उसने भी रस्सी को कसकर पकड़ा और उसे अपनी ओर खींचने लगा। दूसरा मुस्कराया, "अच्छा तालमेल है।"

दोनों पक्षों ने नारा लगाना शुरू किया–"जोर लगाकर हैया, प्रजातंत्र की नैया। जोर लगाकर हैया, प्रजातंत्र की नैया।"

तभी बिगुल बज उठा प्रजातंत्र के नाम का। सबको याद आया–अरे, जनता के सामने जाने का समय आ गया है। सारे अन्धे दौड़ पड़े जनता की ओर, अपना-अपना नजरिया लेकर।

जनता ने देखा, फिर वही विडम्बना। विकेन्द्रीकरण के नाम पर कोई सूँड़ उठाए चला आ रहा है तो कोई दुम, कोई पैर तो कोई पेट! पूरे हाथी का चित्र तो कोई नहीं ला रहा है।

हाँ, बरसों पहले एक आदमी ने हाथी की सही तसवीर उसके सामने रखी थी। क्या नाम था उस आदमी का? मोहनदास करमचन्द गांधी? हाँ वही था। बीच-बीच में ये अन्धे जब-तब जरूर उसकी जय-जयकार करते सुने जाते हैं।

चारों अन्धे अब काफी नजदीक आ चुके थे। 'ॐ भवति भिक्षांदेहि' की ध्वनि वातावरण में चारों ओर गूँजने लगी थी। जनता ने एक उचटती-सी नजर उन पर डाली और फिर अपने काम में लग गई। चुनाव में अब भी कुछ दिन बाकी थे।

रामराज्य आने में अभी देर है

शुक्राचार्य की भृकुटियों पर बल पड़ गए। राजा बलि की हरकतों ने उन्हें न सिर्फ क्रुद्ध किया था बल्कि चिन्तित भी। कुछ वर्षों से ही ये बदले हुए रंग-ढंग उनकी चिन्ता का कारण बने बैठे थे। आखिर दानवों के गुरु होने के नाते असुर साम्राज्य की पुरानी परिपाटियों और परम्पराओं को निभाने योग्य बनाए रखना उनकी ही तो जिम्मेदारी थी। परिवर्तन! परिवर्तन जाए भाड़ में। जान है तो जहान है! शासन और शासन पर नियन्त्रण बना रहे तब बातें करो परिवर्तन की।

'विकासोन्मुखी' और 'विकेन्द्रीकरण'–हुँह! वे झुँझलाए। अमरबेल की तरह छाते ये छलावेदार शब्द! माना कि बदलते परिवेश में इन शब्दों का व्यवहार जरूरी है, पर यह आवश्यक तो नहीं कि इन्हें गम्भीरता से लिया जाए। ये परिकल्पनाएँ तो लोगों के बहलाने और शासकों के मन-बहलाव के लिए हैं। यह नहीं कि शासक ही उनके बहकावे में आ जाए। सत्ता और शासन को तो रहना ही है नियन्त्रण-उन्मुखी और केन्द्रीकृत! जहाँ राजा, वहाँ केन्द्र, जहाँ राजधानी, वहाँ नियन्त्रण। यह तो शताब्दियों की परिपाटी है। यह दीगर बात है कि आज के फलते-फूलते और फैलते प्रशासन-तंत्र में राज्य का नियन्त्रण मातहतों का नियन्त्रण बन गया है, पर यह तो दोनों के लिए फायदे का रहता है। इसे बिगाड़ दें तो बस! मातहत न रहें तो राजा का नियन्त्रण कैसा? और राज्य का नियन्त्रण न रहे तो मातहतों का नियन्त्रण कैसा! हाँ, मातहतों तक 'विकेन्द्रीकरण' हो तब तो ठीक भी है; लेकिन उससे आगे नहीं।

खैर, अपने पैरों पर अगर कोई कुल्हाड़ी मारे तो उसकी बला से। लेकिन मातहतों के पेट पर लात मारना कहाँ का इन्साफ? वह जो फरमान

शिक्षा सचिव ने निकाला था कि स्कूल के बच्चों को हर महीने आठ रुपए वजीफा देना बड़ा बचकाना काम लगता है। उन्हें इकट्ठे एक साल के सौ रुपए दिए जाएँ, वह भी वर्ष की शुरुआत में! शिव, शिव! ऐसा सुझाव कभी न सोचा, न सुना। न स्कूल के हेडमास्टर हमारी चिरौरी करने आएँगे, न बच्चे वजीफा क्लर्क की। सारा अनुशासन ही ढीला पड़ जाएगा। और साल की शुरुआत में ही सारे पैसे दे दें तो बच्चों का गुमान नहीं बढ़ जाएगा?

पर सचिव न माने। कहते हैं, शुक्राचार्य जी, पैसे तो वे आपके भी नहीं हैं। 'हाँ, साहब, पर उन पर नियन्त्रण की जिम्मेदारी तो हमारी है। सवाल आठ रुपयों का नहीं, परिपाटी का है।'

'नहीं साहब, फर्ज कीजिए, सारे साल के पैसे इकट्ठा लेकर अगर उस लड़के ने बीच में ही पढ़ाई छोड़ दी तो? या फेल हो गया छमाही में तो?'

'रहने दीजिए, शुक्राचार्य जी! कौन-सा वजीफा पानेवाला लड़का आपके सौ रुपए डुबाने की खातिर पढ़ाई छोड़ देगा या जान-बूझकर फेल हो जाएगा!'

'साहब, मैं उसकी बात नहीं करता। पर फर्ज कीजिए किसी ने ऐसा किया?'

'तो क्या हो जाएगा?'

'साहब, आप तो उत्साही हैं, पर हमने दुनिया देखी है। अगर ऐसा हुआ तो साहब, ऑडिट रिकवरी हो जाएगी। हम ठहरे निचले तबके के मातहत। पेंशन बन्द हो जाएगी।'

उपलब्धि की मन्द मुस्कान शुक्राचार्य के चेहरे पर तैर गई। 'क्या-क्या हो सकता है' का ऐसा खाका खींचा कि उत्साही सचिव भी उसकी लपेट में आ गए। वजीफा आज भी महीने के हिसाब से ही मंजूर होता है, भले ही बँटने में तीन-चार महीने की देर हो जाए। पर परिपाटी अक्षुण्ण है।

लेकिन बकरे की माँ कब तक खैर मनाएगी? ऑडिट का कागजी बाण बार-बार इस्तेमाल नहीं कर सकते। सचिव लोग तेज हैं, कोई दूसरे रास्ते निकाल लेंगे। खासकर जब राजा बलि खुद सुनने के मूड में हों। बाद में ऐसी छोटी-छोटी हवाएँ चलकर ही अन्धड़ बनता है।

बनता क्या! परसाल तो वह एकदम पास से गुजर गया था, जब हुक्म निकला था कि सारे मंजूर खर्च फरवरी के अन्त तक निकल जाएँ; मार्च के अन्त के लिए कोई काम न छोड़ा जाए। बस सचिवालय में खलबली मच गई। अजी साहब, फिर मातहतों की वैल्यू ही क्या रही? मार्च का उत्सव ही तो उनकी असली शक्ति है। मार्च का अन्तिम सप्ताह न हो तो उनके पास बड़े-बड़े विभागीय अफसर, फील्ड में काम करनेवाले अफसर, वहाँ के अपने-अपने खुर्राट मातहतों का दबदबा खत्म हो जाएगा—बिल पास कराना, एलॉटमेंट लाना, ट्रेजरी के चक्रव्यूह से बिल को सुरक्षित निकालना। इन्हीं से तो दबदबा बढ़ता है।

सारा काम यदि अपनी-अपनी जगह होने लगे तो फिर लोगों का क्या होगा? व्यवस्था अपनी जगह पर है और व्यक्ति अपनी जगह। अगर व्यवस्था काम करने लग जाए तो व्यक्तियों का महत्त्व जाता रहे। ऐसा करना अधर्म है।

बात केवल मातहतों की ही नहीं है, सारी व्यवस्था को इससे फायदे होते हैं। विभागों में खर्च न होने पर इसी मार्च की मंजूरी के सर पर तो सारा दोष मढ़ दिया जाता है। इसी की वजह से तो ठीक मई-जून में मिट्टी के बाँध और रास्ते बन पाते हैं और बरसात के मौसम में पूरे या अधूरे ढह जाते हैं, वरना अगले साल के खर्च की गुंजाइश कहाँ? नहीं जनाब, ऐसी व्यवस्था को बिगाड़ा नहीं जा सकता। इसे वित्ताचार्य ऋषि ने बड़ा सोच-समझकर कायम किया था।

'इस सारे फसाद की जड़ वह बौना वामन है, गुरुदेव।'' पुरातनाचार्य ने उनसे निवेदन किया। शुक्राचार्य को उन पर काफी भरोसा था। पुरातनाचार्य के रहते क्या मजाल कि कोई नई बेहतर व्यवस्था बिना मीन-मेख के, बिना प्रतिरोध के कायम हो जाए। वे बड़े दूरदर्शी थे और हर आनेवाले परिवर्तन को पहले से ही भाँप लिया करते थे।

यह वामन न जाने कहाँ से आ गया है। बलि पर तो इसने जादू ही कर दिया है। नए-नए शब्द, नई कल्पनाएँ, असुर कुल की सारी शासन-व्यवस्था को यह खतरा है।

अब एक नया शिगूफा खड़ा किया है उसने-'लोकाभिमुखी शासन'। अरे, जहाँ लोगों को शासनाभिमुखी रहना चाहिए, वहाँ ये बघार रहे हैं उलटी विद्या, इस प्रजातंत्र ने सारा माहौल ही चौपट कर दिया है, इस वामन की औकात ही क्या है! धीरे-धीरे स्वेच्छासेवी संस्थाओं को अपने वश में करके अब वह यहाँ तक पहुँच गया है और ये स्वेच्छासेवी संस्थावाले, अरे, आत्मसेवी हैं आत्मसेवी! वह तो दुर्भाग्य था कि कमीशन इनके खिलाफ सबूत नहीं ढूँढ़ पाया। वरना इन्हें बात भी करने की तमीज नहीं है। उस दिन भरी सभा में कह दिया कि हर विभाग का अमुक-अमुक काम इनके जरिए कराया जाए और उन्हें नियमों में थोड़ी-सी ढील दी जाए। क्यों दें हम नियमों में ढील? कहते हैं कि उससे ये जल्दी और अच्छा काम कम समय में भी कर

दिखा सकते हैं। यानी बाकी सारे 'डफर' हैं? ठेकेदार लोग क्या आज आसमान से टपके हैं? सदियों से होते आए हैं और सदियों तक बने रहेंगे। उन्हें नियमों में ढील नहीं दी तो इन आत्मसेवियों को क्या देंगे? और वामन की धृष्टता तो देखिए, राजा बलि के सामने कह डाला कि महाराज हमारी वर्तमान व्यवस्था में नियमों के अन्तर्गत किया गया भ्रष्टाचार चलता है, पर नियमों में थोड़ी ढील का प्रावधान करके स्वेच्छासेवी संस्थाओं के जरिए अच्छा काम हो, यह हमें मंजूर नहीं! लो, अब इन्हें कैसे कोई समझाए कि नियम–कानूनों की सीमा में रहकर जो भ्रष्टाचार किया जाता है उसमें फायदा सबका होता है, आँच किसी पर नहीं आती। जाँच हो भी गई तो पता चलता है कि साहब, नियमों का ठीक पालन हुआ था सो रिकवरी किसी से नहीं की जा सकती। जहाँ तक भ्रष्टाचार का प्रश्न है वह तो एक विश्वव्यापी समस्या है, अतएव मामला बन्द कर दिया जाए। ये भोले–भाले लोग भ्रष्टाचार की तुलना नदी से करते हैं, बेवकूफ! नदी नहीं, यह तो बड़े–बड़े जल–सिंचन बाँध हैं जहाँ ठेकेदार हैं जल–भंडारण क्षेत्र, नियम हैं और वितरण क्षेत्र में लाभ पानेवाले हम सब! वे ठठाकर हँस पड़े। वामन को एक बार अकेले में समझाने की कोशिश भी की गई थी कि भैया, यही परिपाटी है, इसके मुताबिक चलो तो तुम्हारे जरिए भी काम होगा। हमारा अधिकार, हमारा नियन्त्रण और हमारा फायदा बना रहे, फिर चाहे तुम खुद की सेवा करो या समाज की, हमारा क्या? पर कम्बख्त नहीं माना। बड़े जीवट वाले हैं ये लोग। इतना ही नहीं, अब एक प्रस्ताव भी कर रहे हैं–एक कमेटी बिठाने का, जो प्रशासनिक व्यवस्था में सुधार लाने की सिफारिश करेगी। और तो और राजा बलि भी मान गए हैं।

यही खबर थी जो पुरातनाचार्य लाए थे कि बलि तैयार हो गए हैं वामन को उनका प्राप्य देने को। कमंडल उन्होंने हाथ में उठा लिया है और अगर कुछ न किया गया तो तीनों लोक हाथ से निकल जाएँगे।

शुक्राचार्य को निर्णय शीघ्र ही लेना था। देर करने की गुंजाइश नहीं थी। उन्होंने शान्त भाव से कहा, 'वत्सो, घबराओ मत, कमंडल भले ही राजा के हाथ में हो। उदक तो कमेटी के रास्ते ही जाएगा। और कमेटी का मतलब है नियम, कानून–प्रणाली, रिपोर्ट, अनुच्छेद, बैठकें बस! यही विवर है जहाँ

मुझे स्वयं बैठ जाना पड़ेगा। न पानी छूटेगा, न व्यवस्था बदलेगी। 'दृढ़ संकल्प लेकर उन्होंने समाधि लगाई और अगले क्षण ही तिरोधान होकर पहुँच गए कमंडल में और डटकर बैठ गए परिवर्तन के विरोध में। बरसों गुजर गए। बलि दान देने को तैयार हैं, वामन अपना प्राप्य लेने को खड़े हैं, कमंडल में पानी है और शुक्राचार्य विवर में डटे बैठे हैं समाधान हो तो कैसे? शताब्दियों पहले भी ऐसा हुआ था और उदक-दान का मार्ग प्रशस्त हुआ था। आज के वामन के मन में अभी भी हिचकिचाहट है।

समस्या जारी है। बलि अपनी जगह पर, वामन अपनी, कमंडल अपनी और शुक्राचार्य अपनी जगह पर डटे हुए हैं। रामराज्य आने में अभी देर है!

गुरुकुल

आम आदमी ने एक ठंडी साँस ली। वह विश्वविद्यालय के प्रशासनिक भवन के पास पहुँच चुका था। भवन की मुँडेर से लटके वेताल के शव को उतारकर उसने कन्धों पर लादा और मुख्य गेट की ओर चल दिया। वेताल ने मन-ही-मन उसके जीवट की प्रशंसा की और उससे कहा, ''हे आम आदमी! पता नहीं वह कौन-सा ध्येय है जिसे पाने के लिए तुम मुझे वश में करना चाहते हो। पर याद रहे, आजकल महज धैर्य और लगन से कुछ खास हासिल नहीं होता। इसके लिए कुछ अन्य गुर भी सीखना आवश्यक होता है। जिस संस्था से मुझे लेकर तुम जा रहे हो वह इसका उत्तम उदाहरण है। खैर, छोड़ो इन बातों को। तुम्हारी बोरियत दूर करने के लिए मैं तुम्हें एक कहानी सुनाता हूँ।''

'एक और कहानी' आम आदमी मन-ही-मन झल्लाया। पर वह अपना मौन रखने को विवश था। वेताल ने कहानी आरम्भ की...

द्रोणाचार्य ने जब सेवा से अवकाश लेकर 'द्रोणाचार्य ट्यूटोरियल्स' खोलने का निर्णय लिया तो उनके सहयोगियों में एक खलबली-सी मच गई। कइयों ने इसे VRS की रकम की फिजूलखर्ची भी करार दिया। कृपाचार्य ने भी अपनी शंका व्यक्त की, ''जीजाश्री, क्या आपने सोच-समझकर निर्णय लिया है?'' द्रोण अपने मनसूबे पर कायम रहे।

ट्यूटोरियल न सिर्फ चला, धड़ल्ले से चल निकला। जल्दी ही उनकी ख्याति चारों ओर फैली। आलोचकों ने चुप्पी साध ली। द्रोणाचार्य ट्यूटोरियल सफलता का पर्यायवाची बन गया। और तो और गुरु कृपाचार्य ने भी अवकाश ग्रहण कर गुरुकुल के काम में हाथ बँटाना शुरू कर दिया।

द्रोण प्रसन्न थे। उनके पास सब कुछ था—नाम, पैसा, ख्याति। सरकारी नौकरी में तो बेचारे अश्वत्थामा के लिए मदर डेयरी का दूध तक खरीद पाना दूभर था। आज वही अश्वत्थामा खुद की मारुति पर आरूढ़ होकर विद्यालय जाता है। द्रोणाचार्य का नाम सारी आचार्य मंडली में बड़े सम्मान से लिया जाने लगा है।

और वह दिन भी आया जब कुरु-कुल ज्येष्ठ पितामह भीष्म स्वयं द्रोणाचार्य ट्यूटोरिअल्स में पधारे और अपने राजकुमारों के लिए विशेष प्रशिक्षण का अनुरोध किया। द्रोणाचार्य की खुशी का पारावार ही नहीं था। शिष्य भी क्या मिले, एक से बढ़कर एक। युधिष्ठिर, भीम, युवराज दुर्योधन, दु:शासन और हाँ, कुन्तीपुत्र अर्जुन। इस बालक में तो कुछ विशेष बात थी। किसी भी नई बात को और नए कौशल को वह जिस चपलता से ग्रहण करता था, वह देखते ही बनता था। इन सबका समवयस्क होने की वजह से अश्वत्थामा भी विशेष प्रशिक्षण शिविर में शामिल हो गया।

समय बीता। विशेष प्रशिक्षण शिविर के छात्रों का प्रशिक्षण सन्तोषजनक रूप से चला। द्रोणाचार्य को उनके प्रति, और खासकर अर्जुन के प्रति, बढ़ता लगाव किसी से छुपा नहीं था। ईर्ष्या से भरे अश्वत्थामा ने एक दिन पूछ ही लिया, ''क्या ऐसा है उस अर्जुन में जो आप उसके प्रति इतनी ममता रखते हैं?''

एक मन्द मुस्कान द्रोणाचार्य के चेहरे पर तैर गई, ''जानना ही चाहते हो तो सुनो, अर्जुन में मेरे कहे को ग्रहण करने की अद्‌भुत क्षमता है। वह कही और अनकही दोनों ही बातों को आसानी से भाँप लेता है। समय आने पर तुम सबको इसका प्रमाण भी मिल जाएगा। तुम्हारी परीक्षाएँ सर पर हैं, उन्हें खत्म होने दो।''

विश्वविद्यालय की परीक्षाएँ अपनी रफ्तार से समाप्त हुईं। द्रोणाचार्य ने शिविर के सारे छात्रों को बुलाया और परीक्षा के बारे में पूछताछ की।

''तुम्हारे पर्चे कैसे रहे मेधावी युधिष्ठिर?'' उन्होंने पूछा।

''काफी सन्तोषजनक गुरुदेव।'' युधिष्ठिर ने उत्तर दिया।

''क्या-क्या तैयारियाँ कीं तुमने?'' आचार्य ने जानना चाहा।

''आपके कहे के मुताबिक हे आचार्य! मैंने निर्धारित क्रम से सारी पढ़ाई की और पूरे सिलेबस को दोहराया भी। परन्तु...'' कहते-कहते युधिष्ठिर ठिठक गए।

''परन्तु क्या?'' आचार्य के चेहरे पर प्रश्नचिह्न था।

''परन्तु मैंने नकल करने की कोई तैयारी या प्रयास नहीं किया।'' युधिष्ठिर ने उत्तर दिया।

"इसमें झिझकने की क्या बात है! नकल करने के बारे में हर एक का अपना नजरिया है। तुमसे यही उम्मीद थी कि तुम नकल नहीं करोगे।" वह दुर्योधन की ओर मुखातिब हुए, "युवराज, आपकी तैयारियाँ कैसी रहीं?"

"मैंने सारे सिलेबस पर एक सरसरी निगाह डाली। पर मैंने सम्भावित प्रश्न अच्छी तरह से तैयार किए थे।"

"और?" आचार्य की जिज्ञासा शान्त नहीं हुई थी।

"मैंने नकल का सारा प्रबन्ध कर रखा था। पानी पिलानेवाले लड़के के जरिए अग्रिम चेतावनी की व्यवस्था भी कर रखी थी। कब पता कोई उड़न-दस्ता आ पहुँचे। इस दुष्ट भीम ने हमेशा की तरह मेरे काम में अड़ंगा डालने का प्रयत्न किया। फिर भी सारा कार्य शान्ति से सम्पन्न हो गया।"

"तुमने क्या किया वत्स भीम?" आचार्य द्रोण अब भीम की ओर मुड़े।

"गुरुदेव, मैंने सारी तैयारियाँ ठीक ही की थीं। युधिष्ठिर की नोट्स को मन लगाकर पढ़ा। नई कलम खरीदी। पेट ठंडा रखने के हेतु दही और चिउड़े का नाश्ता किया। हाँ, यह सही था कि नकल के लिए मैंने कोई पूर्व तैयारी नहीं की। मुझे मालूम था, दुर्योधन यह करेगा। मैंने परीक्षा हॉल में उत्तर देखने के लिए उसकी पर्चियाँ छीन जरूर ली थीं पर अपने पर्चे में उत्तर लिखकर उन्हें लौटा भी दिया था। और फिर प्रैक्टिकल में तो मैंने ही उसकी मदद की थी। यह बात वह क्यों दबा गया! पूछें उससे कि केमेस्ट्री की प्रयोगशाला के चपरासी को किसने पटाया था? मैंने ही न! वरना ये महाशय साल्ट टेस्ट में चित हो जाते।"

"ठीक है, ठीक है।" द्रोण ने कहा और बारी-बारी से हर छात्र से उसका हाल पूछा। अन्त में उन्होंने अर्जुन को सम्बोधित किया और कहा, "शिष्यवर, तुम बताओ, तुम्हारी तैयारियाँ कैसी रहीं।"

अर्जुन ने विनीत हो नमस्कार किया और कहा, "मेरी तैयारियाँ तीन चरणों में रहीं, गुरुदेव। परीक्षा के पूर्व, परीक्षा के समय और परीक्षा के बाद। पहले दोनों चरणों में मैंने भी करीब-करीब वही किया जो अन्य राजकुमारों

ने किया; पर इसके अलावा मैंने यह भी पता किया कि प्रश्न-पत्र जाँच के लिए किनके पास जाएँगे और यह भी कि प्रैक्टिकल परीक्षा में बाहर से कौन-कौन से परीक्षक आ रहे हैं। इस जानकारी को पाने के बाद मैंने उस आधुनिक अस्त्र का प्रयोग किया जिसका उल्लेख आपने अन्तिम क्लास में किया।''

''कौन-सा अस्त्र?'' सबके चेहरे पर प्रश्नचिह्न था। अर्जुन ने उस अस्त्र का नाम बताया।

''पर पिताश्री, आपने इस अस्त्र का जिक्र सहज भाव से आधुनिक अस्त्रों की सूची में किया था। वह भी सरसरी तौर पर। इसके प्रयोग के बारे में आपने कोई सलाह नहीं दी थी।'' खीझकर अश्वत्थामा ने कहा।

द्रोण मुस्कराए, ''यही तो मैं भी बताना चाहता था। वत्स! यही अर्जुन का कौशल है। वह कही और अनकही, दोनों बातों को भाँपने में माहिर है। देख लेना, वही सर्वप्रथम स्थान पाएगा।''

कहानी समाप्त कर वेताल ने कहा, ''हे आम आदमी! जब परीक्षाफल घोषित हुआ तो अर्जुन वाकई सर्वप्रथम स्थान पर था। पर मुझे बताओ, वह कौन-सा अस्त्र था, जिसका प्रयोग अर्जुन ने किया और क्यों? अन्य राजकुमारों से यह चूक कैसे हुई? अगर तुमने जान-बूझकर मेरे प्रश्न का उत्तर नहीं दिया तो तुम्हारे सर के भी टुकड़े-टुकड़े होकर विश्वविद्यालय के प्रांगण से बाहर जा गिरेंगे।''

''मुझे मालूम था, वेताल कि तुम मुझसे ऐसा प्रश्न पूछोगे।'' आम आदमी ने ठंडी साँस लेकर कहा, ''अर्जुन ने जिस अस्त्र का उपयोग किया था वह था 'पैरवी' जिसका उल्लेख द्रोणाचार्य ने अपने अन्तिम लेक्चर में किया।

''एक बार जब 'साम' के साथ 'दाम' और 'भेद' का व्यवहार करने का उपदेश द्रोणाचार्य ने दिया तो अर्जुन ने उनका पूरा-पूरा उपयोग करने का निश्चय किया। अन्य राजकुमारों ने इस अस्त्र का उपयोग छात्र-जीवन समाप्त हो जाने के बाद करने की सोची, पर अर्जुन ने छात्र-जीवन में ही उसे पूरी तरह व्यवहार करने के 'अनकहे' उपदेश को न सिर्फ समझा अपितु उसे आचरण में भी लाया। और इसका फल स्पष्ट था—पहला स्थान; पैरवी के

बल पर।''

''बहुत सही!'' वेताल ने कहा। पर चूँकि आम आदमी का मौन भंग हो चुका था वह फिर से उड़कर प्रशासनिक भवन की छत से जाकर उलटा लटक गया।

आम आदमी ने उसकी ओर एक हसरत भरी दृष्टि डाली और अपनी राह चल पड़ा। विश्वविद्यालय की दीवारों पर पोस्टर लगे हुए थे—छात्र नेता फिर एक बार परीक्षा की तारीख आगे बढ़ाने की माँग कर रहे थे।

मत्स्यावतार

आम आदमी ने एक ठंडी साँस ली और चुनाव पोस्टर पर लटके हुए वेताल को अपने कन्धों पर लादकर मतदान केन्द्र की ओर चल पड़ा। वेताल ने उसकी लगन और प्रयत्नों को मन-ही-मन सराहा और उससे कहा, "हे आम आदमी! पता नहीं मुझे वश में कर तुम क्या हासिल करना चाहते हो? अगर तुम्हें सत्ता की चाह है तो मुझे डर है कि लोगों को खुश करते-करते कहीं तुम्हारी हालत भी वैसी न हो जाए जैसी राजा मनु की हो गई थी। चलो रास्ते की बोरियत मिटाने के लिए मैं तुम्हें वह कहानी सुना ही दूँ।"

आम आदमी ने मन-ही-मन उसे कोसा-भले आदमी, फिर एक कहानी। देखते नहीं कि सत्ता पाए बिना भी मैं जी-जान से तुम्हें खुश करने में जुटा हुआ हूँ। लोगों को खुश करूँगा ही। पर प्रकट में वह चुप रहा। वैसे भी हमारे यहाँ आम आदमी चुप रहने पर मजबूर होता है। वेताल ने कहानी सुनाना आरम्भ किया–

राजा मनु का नया-नया राज्याभिषेक हुआ था। आज वे खुशी से फूले नहीं समा रहे थे। इतने बड़े गणतंत्र का राजा घोषित होना कोई छोटी बात नहीं थी।

शुरू के दिन काफी तेज रफ्तार से गुजरे। राज-काज का काम सीखने का अपना एक अलग ही आनन्द था। वसिष्ठ ऋषि जैसे अनुभवी सलाहकार ने अपनी ओर से कोई कसर नहीं छोड़ी थी। नीति के उपदेश देते समय उन्होंने कहा था, "राजन, सही राज्य वह है जहाँ व्यवस्था काम करे, व्यक्ति नहीं। राजा को याद रखना चाहिए कि प्रजा की आम मुसीबतें सम्बन्धित स्तरों पर ही हल हो जानी चाहिए।"

मनु से इस नसीहत को गौर से सुना था। उसे ये बातें सही भी लगीं, पर धीरे-धीरे वे राज-काज में उलझते चले गए और ये उपदेश उनके दिलो-दिमाग से हटते गए।

एक दिन राजा जब अपने तालाब में नहा रहे थे उन्हें अपने निर्वाचन क्षेत्र की वह मछली नजर आई। अपनी छोटी-छोटी पंखियाँ हिलाती वह मनु के पास पहुँची और उनसे निवेदन किया, "महाराज-महाराज, मैं एक दीन-दुखियारी मछली हूँ। मुझे इस बेरोजगारों के गँदले जल से निकालकर नौकरी के साफ जल-कुंड में स्थान दीजिए। आपका यह उपकार मुझे जीवन-भर याद रहेगा।"

एक बात जो मछली गोल कर गई थी वह यह कि नौकरी के जल-कुंड में घुसने की उसने कोशिश की थी, पर अयोग्यता की वजह से नाकाम रही।

मनु को उस पर दया आ गई। उन्होंने सचिव को आदेश दिया कि मछली को उठाकर नौकरी वाले जल-कुंड में डाल दे।

"पर राजन," सचिव ने प्रतिवाद किया, "इस जल-कुंड में प्रवेश पाने के अपने कुछ नियम हैं, पद्धति है। उसके बिना ही..."

मनु अधीर हुए, "देखो सचिव, मुझे भी इन बातों का एहसास है; पर क्या राजा के लिए एकाध अपवाद सम्भव नहीं? और फिर मैंने उसे वचन दिया है। वह मेरे निर्वाचन-क्षेत्र की मछली है।" बस, तर्क के लिए जगह नहीं थी। सचिव ने आदेश जारी किए। चतुर मछली नए जल-कुंड में प्रवेश पा गई। उसने मनु के चरण छुए, गुण गाए। मनु खुश हुए।

कुछ दिनों के बाद मनु जब स्नान कर रहे थे, मछलियों का एक छोटा-सा दल उनसे मिलने आया। सारी मछलियाँ उन्हीं के निर्वाचन-क्षेत्र की थीं। उन्होंने मनु के पैर छुए। मनु ने उनकी समस्या पूछी। वही पुराना निवेदन। नौकरी के एक और बड़े जल-कुंड में प्रवेश के लिए प्रतियोगिताएँ हो रही थीं! ढेर सारे स्थान रिक्त थे। क्या राजा के निर्वाचन-क्षेत्र की इतनी थोड़ी सी मछलियों के लिए...

"हाँ-हाँ, क्यों नहीं। छोटी-सी तो बात है।" मनु ने कहा। एक बात न मछलियों ने उन्हें बताई न उन्होंने पूछी। इन सारी मछलियों को लिखित परीक्षा में बहुत कम अंक मिले थे। अब अगर इंटरव्यू में उन्हें अधिक नम्बर न मिलते तो उनका जल-कुंड में प्रवेश पाना लगभग असम्भव था।

अब मनु के आदेश थे। सचिव ने जारी किए। किसी ने प्रतिवाद नहीं किया। मछली-दल का जल-कुंड में प्रवेश हुआ। उनके माँ-बाप ने, सगे-सम्बन्धियों ने आकर मनु के पैर छुए, गुण गाए। मनु खुश हुए।

उस रात सपने में उनहें एक मत्स्य-पुरुष नजर आया। उन्हें लगा, जैसे वह उन्हें आशीर्वाद दे रहा हो! वे आश्वस्त हुए। पूर्वजों से उन्होंने सुन रखा था कि कैसे प्रलयकाल में ऐसे ही मत्स्य-पुरुष ने पुराणकालीन राजा मनु को बचाया था।

कुछ दिन और गए। इस बार मछलियों के एक बड़े झुंड ने उन्हें आ घेरा। उनमें अलग-अलग गुट थे। सबके अपने-अपने निवेदन थे, अपनी-अपनी माँगें थीं। कोई वृद्धावस्था पेंशन चाहता था, कोई नौकरी तो कोई बैंक से

कर्जा। यही सब सुनकर आए थे कि कैसे दयावान मनु ने पिछली बार आई मछलियों की सहायता की थी।

अब मनु से 'न' करते नहीं बना। वे अनुभवी नहीं थे। टालने की कला नहीं जानते थे। उन्होंने आदेश दिए कि झुंड की माँगों को पूरा किया जाए। एक बार भी उनके दिमाग में यह परखने का विचार नहीं कौंधा कि मदद पाने के हकदार कितने थे और कितने नहीं। सपने में उन्होंने मत्स्य-पुरुष का आकार और बढ़ते देखा।

अब अन्यान्य निर्वाचन-क्षेत्र की मछलियों में यह बातें फैलने लगीं। मनु के पास निवेदनार्थियों के झुंड-पर-झुंड आने लगे। उनसे न करते नहीं बना। दरअसल अब उन्हें भी इस बात में मजा आने लगा था। निवेदनार्थियों से भी ज्यादा उन्हें भाने लगे थे उनके पैर छूते, गुण गाते और जय-जयकार करते लोग। सपने में दिखने वाले मत्स्य-पुरुष का आकार बढ़ता जा रहा था। पहले वह जल-कुंड में समाया करता था। फिर उसका आकार तालाब के लिए बड़ा साबित होने लगा और फिर नदी के लिए। जैसे-जैसे प्रलय-काल नजदीक आ रहा था मत्स्य-पुरुष के लिए लगने वाले जल-पात्र का आकार बढ़ता जा रहा था। जब प्रलय की तारीख निश्चित हुई, मत्स्य-पुरुष समुद्र में नजर आने लगा था।

इधर मनु के स्नानागार में मछलियों के झुंड क्या टिट्डी दल आने लग गए थे! अब तो उनहें सँभालना भी कठिन होने लगा था। पहले-पहले तो वहाँ एक-दो सहायक रख दिए गए थे, फिर उनके ऊपरस्थ अधिकारी और फिर उप-सचिव। धीरे-धीरे उनका कार्यालय ही नहाने के घाट पर सिमट आया। मछलियों को भी अब मनु से सीधे-सीधे निवेदन करने का अवसर नहीं मिलता था। उनके लिए पंडों और ठेकेदारों का एक हुजूम तैयार हो गया था।

इन सारी बातों से बेखबर मनु अपने पास आने वाली मछलियों को खुश करने में लगे रहे। जब प्रलय की तारीख आई तो उन्होंने चुनाव-दफ्तर की बड़ी-सी नौका में जाकर नामपत्र भरा, अपने साथ गिने-चुने पार्टी-सदस्यों, परिवार के सदस्यों, अनाज के बीज और पानी लेकर नौका में बैठ गए।

जैसी आशा थी, एक विराट् मत्स्य-पुरुष उनकी ओर आया। मनु ने गौर से देखा कि उस मत्स्य-पुरुष की विशाल काया दरअसल छोटी-छोटी मछलियों से बनी है और उन मछलियों की मिली-जुली गति ही मत्स्य-पुरुष के अस्तित्व और गति का आभास दिलाती है। मनु यह देखकर आश्वस्त हुए कि उनमें से कई मछलियाँ ऐसी हैं जो उनके द्वारा उपकृत हो चुकी हैं। फिर भी मत्स्य-पुरुष का पूरा आकार उनके सपनों के आकार से कहीं बड़ा था। वास्तविकताओं को दूरबीनों से देखने वाले उनके ऋषियों ने भी उन्हें ढाढ़स बँधाया कि उपकृत मछलियों की संख्या काफी है। मनु को विश्वास था कि उन्हें उनके उपकारों का फल मिलेगा और मत्स्य-पुरुष उन्हें विजय नामक ऊँचे शिखर पर ले जाएगा, जहाँ वे जनमत-प्रलय के जल से सुरक्षित रहेंगे। उन्होंने नाव में बँधी रस्सी का दूसरा सिरा मत्स्य-पुरुष की नाक में बाँधा और नाव के प्रस्थान की प्रतीक्षा करने लगे। नाव चली। मतों के प्रवाह में इधर-उधर डोलती, लहरों के थपेड़े खाती! जल का स्तर धीरे-धीरे ऊपर उठता जा रहा था।

नाव अब मँझधार में आ गई थी। मनु ने देखा, उसकी गति धीमी होती जा रही थी। उनकी चिन्ता बढ़ी। विजय-शिखर काफी दूरी पर था।

नाव रुक गई। ऋषियों के चेहरों पर हवाइयाँ उड़ रही थीं। मनु ने देखा कि मत्स्य-पुरुष ने रस्सी का सिरा छोड़ दिया है। उन्हें आश्चर्य हुआ। मत्स्य-पुरुष मुड़ा। मनु और उसकी आँखें चार हुईं। मनु को उनमें गुस्सा नजर आया।

'यह कैसे हुआ?' सोचने से पहले ही मत्स्य-पुरुष ने पूँछ के एक फटकारे से नाव को उलट दिया और दूर निकल गया।

आश्चर्यचकित और खिन्न मनु ने नाव को जल में डूबते-उतराते देखा। विजय-शिखर का सिरा धूप में चमक रहा था और मत्स्य-पुरुष वहाँ किसी और नाव को लेकर पहुँच रहा था।

कहानी सुनाने के बाद वेताल ने आम आदमी से पूछा, "हे आम आदमी! मुझे आश्चर्य हो रहा है कि यह सब कैसे हुआ? मत्स्य-पुरुष ने मनु की नाव को विजय-शिखर पर ले जाने की बजाय उसे बीच मँझधार में क्यों डुबो दिया? क्या यह उसकी कृतघ्नता नहीं है? अगर जान-बूझकर तुमने मेरे इस प्रश्न का उत्तर नहीं दिया तो तुम्हारे सर के उतने ही टुकड़े हो जाएँगे जितनी मत्स्य-पुरुष के शरीर में मछलियाँ थीं।"

आम आदमी ने ठंडी साँस ली और कहा, "हे वेताल! मुझे मालूम था कि तुम ऐसा सरल सवाल पूछकर मेरा मौन भंग करने की चेष्टा करोगे। खैर सुनो, मत्स्य-पुरुष ने जो किया वह उसकी कृतघ्नता नहीं, मनु के किए की तार्किक परिणति है। मनु ने अपने निर्वाचन-क्षेत्र के प्रति दायित्व को सुव्यवस्था की कीमत पर निभाया। उसके उपकारों की वर्षा ने मछलियों की इस धारणा की पुष्टि की—उन्होंने जो पाया वह नियमों के जरिए नहीं वरन् नियमों को परे रखकर पाया, चाहे वे उसे पाने की पात्र हों या न हों। दूसरी ओर आम मछली की यह धारणा बनी कि व्यवस्था में जो भी प्राप्य है वह योग्यता और गुणों के आधार पर नहीं, पहुँच के आधार पर मिलता है। नियम या प्रशासन कारगर नहीं होते, केवल प्रतिनिधि ही कारगर होते हैं! स्वाभाविक है कि जो वंचित रह गए उन्होंने मनु को दोष दिया, व्यवस्था को नहीं।

"मनु मत्स्य-पुरुष के सही आकार का अन्दाजा नहीं ले पाए। हर उपकृत मछली के पीछे पचासों वंचित मछलियाँ थीं, जो अपने प्राप्य के न मिलने का दोष मनु को दिए जा रही थीं। इस जानकारी से वे कटे हुए थे, क्योंकि ये मछलियाँ पंडों, ठेकेदारों और सलाहकारों के जाल को भेदकर उन तक पहुँच भी नहीं पा रही थीं। इसीलिए सपने में वह एक छोटे मत्स्य-पुरुष को देखते रहे जिसकी आशीर्वाद की मुद्रा थी, जबकि वास्तविक मत्स्य-पुरुष बहुत बड़े आकार का था और उसकी आँखों में आशीर्वाद नहीं, गुस्सा था।

"इन्हीं वजहों से प्रलय के दिन उसने जो किया वह न तो आश्चर्य की बात है, न कृतघ्नता की। यह तो महज उसके क्रोध की अभिव्यक्ति थी कि उसने मनु की नाव को मँझधार में डुबो दिया और विजय-शिखर पर किसी दूसरे उम्मीदवार की नाव बाँध दी।"

"बहुत अच्छे!" वेताल ने कहा। पर चूँकि आम आदमी का मौन भंग हो चुका था अत: वह वापस जाकर चुनाव के पोस्टर पर चिपक गया।

आम आदमी ने एक उचटती निगाह उस पर डाली और मतदान केन्द्र की ओर चल पड़ा। उसे भी नए मनु की उम्मीदवारी का फैसला करना था।

एकदा भविष्यारण्ये

''जम्बू द्वीप पर एक घंटे में विजय? और वह भी बिना तोप दागे?'' बेटे ने अविश्वास के साथ पूछा।

''हाँ बेटे, बिना किसी लड़ाई के।'' वारेन हेस्टिंग्स की अँगुलियाँ कम्प्यूटर पर मचलती रहीं।

''असम्भव!'' बेटे ने प्रतिवाद किया।

''असम्भव क्यों? यह खास मुश्किल भी नहीं था।''

''था? यानी आप कर पाए ऐसा?''

''हाँ, मैंने टेलीविजन के सारे चैनलों पर सीधा प्रसारण किया और बताया कि मैं वारेन हेस्टिंग्स दुनिया की एकमात्र सुपर पावर का क्षेत्रीय कमांडर हूँ। आपके क्षेत्र में हमारे कुछ हजार मिसाइल मार करने के लिए तैयार हैं। देश के किसी भी शहर पर हमारे शक्तिशाली कम्प्यूटर के जरिए एक मिनट से कम समय में निशाना साधा जा सकता है। उन लोगों का सन्देह दूर करने के लिए एक छोटे-से परीक्षण का भी हमने सीधा प्रसारण किया।''

''वह कैसे?''

''राजधानी के मुख्य स्टेडियम के पंचम स्तम्भ पर निशाना साधकर हमने एक मिसाइल छोड़ा। लोगों ने हैरत के साथ उस निशाने की अचूकता को देखा।''

''पर डैड, वे भला आपको अपने राष्ट्रीय चैनल पर प्रसारण की अनुमति क्योंकर देते?''

''उनके चैनल की किसे जरूरत थी, बेटे! भला हो हमारे सेटेलाइटों और उनके डिश एंटिनाओं का। हमारे सारे प्रसारण गाँव-गाँव में देखे जाते हैं,

जैसे ही मेरा प्रसारण शुरू हुआ, आनन-फानन में बात फैली, सारा देश टेलीविजन के सामने जम गया।''

''फिर?'' बेटे ने चमत्कृत हो प्रश्न किया।

''फिर क्या था? मैंने सेना को चेतावनी दी कि वे कोई जोखिम भरी बेवकूफी न करें, उनको शह और मात दोनों पड़ चुकी है, और सेना के सर्वोच्च कमांडर से मैंने अनुरोध किया कि वह एक घंटे के अन्दर सफेद झंडा फहरा दें। उन्होंने उनसठ मिनट लगाए, साठवें मिनट पर राष्ट्रपति-भवन पर सफेद झंडा लहराया। राष्ट्रपति खुद रेडियो और टेलीविजन पर आए, लोगों

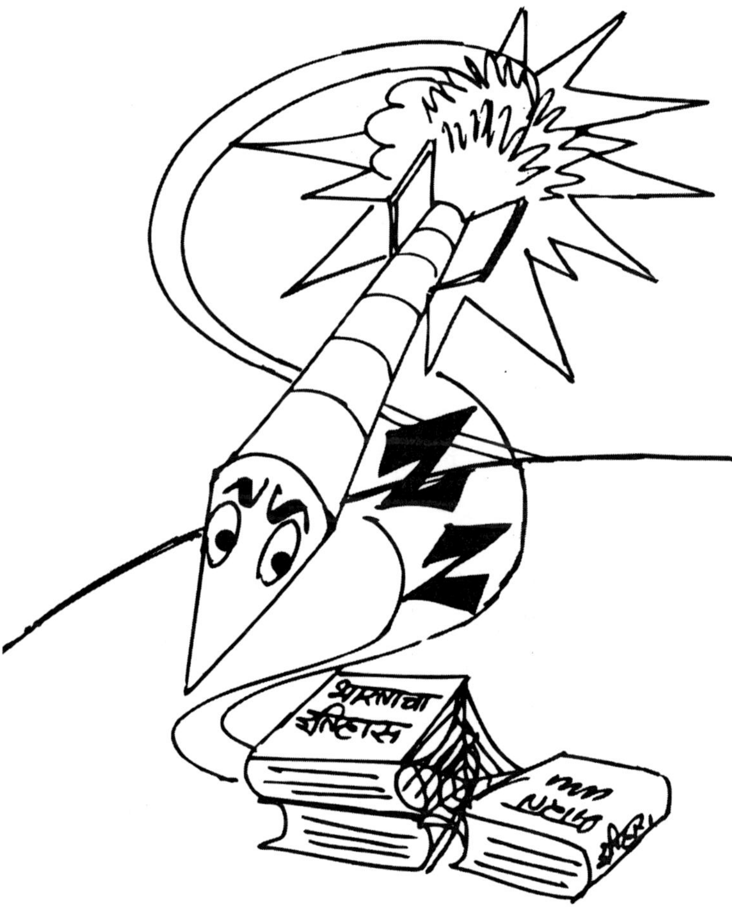

से शान्ति की अपील की। उन्हें बताया कि कैसे इस समर्पण से देश में आर्थिक खुशहाली फैलेगी? कैसे सुराज्य आएगा? इस नई मुक्त अर्थव्यवस्था में न कोई सीमा शुल्क होंगे न कृत्रिम विनिमय दर। उन्होंने कुछ प्राचीन उद्धरण भी सुनाए।''

''क्या था वह?''

''हाँ, सारा विश्व अब एक परिवार है, 'वसुधैव कुटुम्बकम्'। अब हरेक को नई विश्व-व्यवस्था से पूरी तरह जुड़ जाना है। घुल-मिल जाना है।''

''और लोगों ने यह सब कुछ मान लिया?''

''उनके सामने चारा ही क्या था बेटे!'' वारेन हेस्टिंग्स ने कहा।

''पर डैड, मुझे यह बताएँ कि आपने इतने सारे मिसाइल चोरी-छिपे लाए, उन्हें फिट किया और उन लोगों को भनक तक नहीं पड़ी?''

''चाँदी, बेटे चाँदी। तुम चाँदी और उसके जूते का महत्त्व भूल रहे हो। वे हमेशा सोचते रहे कि हमारी कम्पनी चोरी-छिपे चाँदी की आयात करती है। कुछ मायनों वह सही भी था। हम अपने बक्सों में मिसाइलों के ऊपर चाँदी के स्लेब ही रखा करते थे, जिन्हें बार-बार इस्तेमाल किया जाता था। कोई बक्से जाँचने का नाटक भी करे, तो ऊपरी तौर पर चाँदी ही नजर आती थी। फिर हम चाँदी के लिए अधिक 'रेट' भी देते थे। बाकी की तस्करी बस दिखावे के लिए थी जिसके रेट जान-बूझकर काफी कम रखे थे।''

''कभी किसी ने पूरा बक्सा खुलवाया नहीं?''

''ना, वे तो इसके आदी थे। जब भी मोटा पैकेट उनके पास पहुँचता, वे लोग मुस्कराकर कहते, 'ओह, फिर चाँदी।' हमारे लोग भी दयनीय मुस्कान से कहते, 'हाँ साहब।' सच बताऊँ, बेटा, हमारी गोदी पर जो कस्टम की चौकी थी, वहाँ तबादला होकर आने के लिए बाकायदा नीलामी हुआ करती थी। वह तो 'कामधेनु चौकी' कहलाती थी। मुँहमाँगा पैसा, विदेश भ्रमण और विदेशी संस्थाओं में नौकरियाँ। बड़ा आसान मामला था।''

''बहुत खूब, पर डैड! यह तरकीब आपको बताई किसने?''

''यह तो उस क्षेत्र की समुद्री परम्पराओं का हिस्सा था। वहीं के तस्करों से हमने सीखा।''

"पर ये बताइए कि आपने हजारों एकड़ जमीन और एक गोदी के लिए इजाजत पाई कैसे? और वह भी समुद्र तट पर।"

"वह तो बेटे एक खूबसूरत मायाजाल था, निर्यात पर आधारित उद्योग का। हमारी एक बहुराष्ट्रीय कम्पनी है जो काऊडंग बेचती है–बड़े दूरदर्शी और मददगार लोग हैं। उन्हें यह जमीन उद्योग की उदार नीति के तहत मिली। विदेशी पूँजी-निवेश। निर्यात और विदेशी मुद्रा अर्जन का जो मंत्रजाप वहाँ हो रहा था, सो सब झाँसे में आए और फिर हाइ टेक! और आयातित उपकरणों की चकाचौंध! हाइटेक तो बहाना था। जितने कम स्थानीय लोग वहाँ ताक-झाँक करें, हमारे लिए उतना ही अच्छा था।"

"और सारे लोग मान गए!"

"बिल्कुल बेटे।" हेस्टिंग्स ने इत्मीनान से कहा।

"पर डैड, एक गड़बड़ है।"

"वह क्या?"

"वह यह कि मेरे कम्प्यूटर की जानकारी में यह तो 'सुरक्षित क्षेत्र' था। तब भी यह आपकी उस कम्पनी को कैसे मिला?"

"मिला बेटे, सारे प्रोजेक्ट-रिपोर्ट की समीक्षा की गई थी; पर रक्षा मंत्रालय द्वारा नहीं, वरन् अन्य मंत्रालयों के जरिए! बस, प्रोजेक्ट पारित हो गया।"

"इसके बावजूद कि..."

"हाँ, उसके बावजूद! सारा प्रस्ताव ही एक आर्थिक या व्यावसायिक प्रस्ताव की दृष्टि से आँका गया। किसी को कोई सन्देह नहीं हुआ। सुरक्षा के नजरिए से इस पर विचार ही नहीं हुआ।"

"पर डैड, कम-से-कम कुछ लोगों ने तो इस विषय पर आवाज उठाई होगी। उन्होंने तो सरकार का ध्यान खींचा होगा। उनकी बात पर अगर आपको समुद्र-तट का यह अड्डा न मिलता, तो आपकी सारी अचूक निशानेबाजी धरी रह जाती।"

"कुछ लोगों ने सुरक्षा की बात उठाई जरूर, पर उन्हें विरोधी पक्षवाले या अतिरंजना करनेवाले कहकर नजरअन्दाज कर दिया। उनके पास कोई ठोस सबूत थोड़े ही था।"

"ठोस सबूत? डैड, इतिहास में सबूत थोड़े ही होते हैं, सबक होता है, सबक। खाड़ी की लड़ाई में आपकी अचूक निशानेबाजी तो सात समुन्दर पार से नहीं, नजदीक के ठिकानों की वजह से हुई। यहाँ आप ऐसा नहीं कर सकेंगे।"

"वह खाड़ी के देश थे। यहाँ कौन सोचेगा कि हमारे साथ ऐसा हो सकता है। इतनी दूर की कौड़ी..."

"कम ऑन डैड–दूर की कैसी कौड़ी? क्या उन्हीं के साथ अतीत में यह नहीं हुआ था?"

"क्या हुआ था?"

"मेरा कम्प्यूटर बतलाता है कि ऐसा उनके साथ कोई दो बार हुआ है। एक बार जब एक बादशाह ने एक कम्पनी को व्यवसाय की इजाजत दी तो चन्द दशकों में कम्पनी बहादुर का शासन फैलने लग गया।"

"उससे पहले एक राजा ने भी काली मिर्च और अन्यान्य गरम मसालों के निर्यात के लिए ऐसी ही इजाजत एक और कम्पनी को दी थी। शीघ्र उन्होंने राज्य हथिया लिया। दोनों प्रस्ताव आर्थिक प्रस्ताव थे, उन्हें भी व्यावसायिक दृष्टि से ही कूता गया, सुरक्षा की दृष्टि से नहीं। डैड, उस देश के सारे नेता और नीति-निर्धारक क्या इतिहास को भुला बैठे थे?"

"शाबाश बेटे! तुम परीक्षा में पास कर गए। इस सारी कहानी का तात्पर्य तुम्हें इसी चीज से आगाह करना था कि जिस समाज में लोग इतिहास से सबक नहीं सीखते वहाँ इतिहास अपने आपको दोहराता है।" वारेन हेस्टिंग्स ने खुश होकर अपने बेटे की पीठ फिर एक बार थपथपा दी।

क्या हम इतिहास से कोई सबक लेंगे?

कूर्मावतार

आम आदमी ने एक ठंडी साँस ली, उसने पार्टी दफ्तर की पाँच तारा इमारत की छत पर चिपके वेताल के शव को उतारा और मतदान केन्द्र की तरफ चल पड़ा। वेताल ने मन-ही-मन उसकी लगन और धैर्य की प्रशंसा की, पर प्रकट में उससे कहा, ''हे आम आदमी! पता नहीं वह कौन-सा ध्येय है जिसकी प्राप्ति में तुम इतने जी-जान से जुटे हो। पर कहीं ऐसा न हो कि तुम गलत समय में गलत व्यक्ति पर भरोसा कर बैठो, जैसा इन्द्र समुद्री-मन्थन के दौरान कर बैठे थे। खैर चलो, तुम्हारे सफर की बोरियत मिटाने के लिए मैं तुम्हें वह कहानी सुना ही दूँ।''

कहानी का नाम सुनकर आम आदमी ने मन-ही-मन उसे कोसा, 'ऐ भले मानस, तुम भी तो गलत समय पर गलत आदमी को कहानी सुना रहे हो।' पर मौन-भंग हो जाने का खतरा था, इसलिए वह चुप रहा। वेताल ने कहानी सुनाना शुरू किया–

हाल के देवासुर-संग्राम में हुई पराजय से इन्द्र काफी दुखी थे। जब निर्वाचनाचार्य ने पाँचवें साल समुद्र-मन्थन की घोषणा की तो इन्द्र को पूरा विश्वास था कि सत्ता का अमृत कलश उनके दल के हाथ लगेगा। और कुछ होने का प्रश्न ही नहीं उठता था। उन्हें गुमान तक न था कि आर्यावर्त में उनके दल को छोड़कर और कोई दल शासन में आएगा। ऐसा ही होता आया था अब तक और ऐसा ही होना भी था।

पर आजकल इस जनसागर-मन्थन का कोई भरोसा नहीं रहा। लोग कब कैसी बेसिर-पैर की बातें सुनकर किसे राजा चुन लेंगे, इसका कोई ठिकाना नहीं। किसने सोचा था कि राजा बलि के नेतृत्व में असुर लोग बाजी मार ले जाएँगे और कलश उनके हाथ लग जाएगा। माना कि बलि काफी

लोकप्रिय हैं, पर उनके साथ वाले असुर लोग कौन-से दूध के धुले हैं? तिस पर वह दक्षिणासुर और वामासुर के साथ बनाया गया मोर्चा क्या टिक सकता है पाँच साल? पर फिलहाल तो वे ही हैं सत्ता में।

इन्द्र को पूरा विश्वास था कि कुछ ही दिनों की बात है अमरावती में वह फिर सत्ता में आएँगे। संगणक कुमारों ने उन्हें कम्प्यूटर के जरिए वैसी ही भविष्यवाणियाँ भी पेश कर दी थीं। अब कल ही की तो बात है जब राजा नहुष ने भी इन्द्र के पूर्वज से अस्थायी तौर पर सत्ता हथिया ली थी, पर कहाँ टिक सके? उनके काबिल पूर्वज ने नहुष के खेमे में वे झगड़े लगा दिए कि आनन-फानन में सत्ता उनके हाथ में आ गई थी। इस बार भी वही होगा। सत्ता फिर उनके हाथ में आ जाएगी।

पर फिलहाल समस्या कुछ और थी। निर्वाचनाचार्य ने जनपदों में समुद्र–मन्थन की घोषणा कर डाली थी। विन्ध्य से दक्षिण के जनपदों में तो सत्ता इन्द्र के दल के हाथ ही लगी थी, पर विन्ध्य के उत्तरी जनपदों में मामला टेढ़ा था। अमरावती की सत्ता हाथ से निकल चुकी थी। इन्द्र इन जनपदों की सत्ता हाथ से गँवाना नहीं चाहते थे, इस कारण से ही उन्होंने आज यह महत्त्वपूर्ण बैठक बुलाई थी।

''वक्त का तकाजा यह है कि हम दक्षिणी जनपदों में अपनी सत्ता कायम रखें।'' उन्होंने अपने दल के नेताओं को सम्बोधित करते हुए कहा, ''और इसके लिए जरूरी है कि हम एकजुट होकर आनेवाले जनसागर–मन्थन की तैयारी में लग जाएँ। फायदा यह भी है कि इस समुद्र–मन्थन में प्रशासन का मन्दार पर्वत हमारे ही हाथ में है।''

''वह मन्दार पर्वत तो हाल के मन्थन में भी हमारे साथ था, पर हम कहाँ उसे सँभाल पाए? अगर गौर से विचार करें और देखें तो वह पर्वत धीरे–धीरे हमारे हाथ से फिसलता जा रहा है।'' बृहस्पति अपनी सफेद दाढ़ी को सँवारते हुए बोले।

बात कड़वी थी, पर सही। इन्द्र ने कनखियों से बृहस्पति की ओर ताका। यह बूढ़ा ब्राह्मण आजकल बे–वजह खरी–खरी सुनाने लगा है। उन्होंने मन में उमड़ते गुस्से के भाव को दबाया और उनसे फिर कभी निपटने का प्रण किया। कम्प्यूटर कुमारों की ओर मुखातिब होकर वह बोले, ''कम्प्यूटर कुमारो, क्या वाकई जनपदों में प्रशासन का मन्दार पर्वत हमारे दल के हाथों से फिसल रहा है? जरा पता लगाएँ और अगर यह बात सही है तो इसकी जड़ में सम्बद्ध मुख्यमंत्री ही हैं।''

अपने सर पर, आई जिम्मेदारी टालने की इन्द्र की कोशिश ने बृहस्पति को क्रोधित कर दिया, ''उन्हें तो आपने ही चुना था देवेश, शासन–तंत्र के मन्दार को अपनी पीठ पर धारण करने के लिए। उन्हें चुनते समय उनकी काबिलियत की और ध्यान रखा होता...एक वह जमाना था...।''

''जब आप जवान थे और जी–हुजूरी भी किया करते थे।'' इन्द्र के एक छबीले विश्वासपात्र ने चुटकी ली, ''खैर कम्प्यूटर कुमार, वह भी देख लें।''

कम्प्यूटर कुमार इस सवाल-जवाब से बेखबर, ध्यानस्थ हो समाधि लगा चुके थे। उन्होंने अपनी दिव्य-दृष्टि से सारी परिस्थिति का अवलोकन किया। सारा सच तो वह इन्द्र को बता नहीं सकते थे, उनकी भी छवि का सवाल था। सबसे अच्छा रास्ता यही था कि मुख्यमंत्रियों के सर पर ही दोष मढ़ा जाए।

गम्भीर होकर उन्होंने इन्द्र से कहा, ''हे देवेश, प्रशासन के पर्वत को धारण कर जनसागर में तैरते रहने की सामर्थ्य उनके पास नहीं है।''

''पर क्यों?'' इन्द्र अधीर हुए, ''उन्हें जब यहीं से चुनकर जनपदों पर लाद दिया गया था तब तो आपके कम्प्यूटरों ने हामी भरी थी।''

अपने ऊपर आते हुए दोष को देखकर भी कम्प्यूटर कुमार विचलित नहीं हुए। उन्होंने उस दोष को आँकड़ों पर मढ़ दिया, ''हुआ यों देवेश, कि पिछले विश्लेषण के दौरान कम्प्यूटर में परम्परा के आँकड़े नहीं भरे गए थे। परम्परा के हिसाब से प्रशासन का मन्दार पुराने कछुए ही सँभाल सकते हैं। उसे नजरअन्दाज करने की वजह से मन्दार पर्वत को टिकाए रखने का काम नए ऑक्टोपसों को सौंप दिया गया।''

सबको जैसे साँप सूँघ गया। पुराने कछुए—यानी वही देवता जिन्हें इन्द्र और उनके छबीले विश्वासपात्र अपमानित करते आ रहे थे। जिन्हें इन्द्र ने सत्ता के दलाल कहकर ललकारा था, तानाकशी की थी। जिन्हें क्रमशः सत्ता की मुख्य धारा से किनारे कर दिया जा रहा था।

यह दीगर बात थी कि उनकी जगह पर आए नए ऑक्टोपसों ने वही करिश्मे दिखाने शुरू किए थे। प्रशासन के मन्दार को एक-दो नहीं, आठों भुजाओं से जकड़ रखा था। पर ऑक्टोपसों की खूबी यह थी कि वे इन्द्रार्पित थे—पूरी तरह स्वाभाविक था कि वे सदा इन्द्र की दुहाई देते थे, इन्द्र के गुण गाते थे और अपनी इन्द्रभक्ति का प्रदर्शन करने का कोई मौका नहीं छोड़ते थे। इस होड़ में कछुए उनसे पिछड़ गए थे।

पर इन्द्र मौके की नजाकत को पहचानते थे। इन्द्र-भक्ति तो इन्द्र-सिंहासन की उपज थी। अगर सिंहासन नहीं रहा तो भक्ति को लापता होते देर नहीं लगेगी। अभी महत्त्वपूर्ण आवश्यकता थी सत्ता-कलश को फिर से हथियाना। कछुओं के वापस महत्त्वपूर्ण बन जाने से खास कौन-सा फर्क

पड़ता है? मेरे नाम की दुहाई तो वह भी देंगे। एक बार सत्ता फिर हाथ में आ जाए, इनसे भी निपट लिया जाएगा। वह बाद की बात है।

"अगर पुराने कछुए ही प्रशासन के मन्दार को समर्थ रूप से धारण कर सकते हों तो यही सही।" उन्होंने कहा, "प्रशासन की बागडोर कछुओं के हाथों में सौंप दी जाए।"

कछुओं को खोजा गया। इन्द्र के व्यवहार से दुखी, ऑक्टोपसों से हारे, वृद्ध कछुए कई कोनों में अपने-अपने अंग सिकोड़े पड़े हुए थे। इन्द्र ने उन्हें बुलाया, मनाया, उनके अनुभव की चर्चा की, उनकी कड़ी पीठ की प्रशंसा की, परम्पराओं की दुहाई दी और बताया कि कैसे अतीत में देवासुर-संग्रामों में भगवान विष्णु ने स्वयं कूर्मावतार ग्रहण कर मन्दार को समुद्र में डूबने से बचाया था।

कछुओं के लिए यह अच्छा अवसर था। एक ओर ऑक्टोपसों को नीचा दिखाने का मौका मिल रहा था तो दूसरी ओर 'चित भी मेरी पट भी मेरी' वाली स्थिति थी। अगर जीते तो जीत का सेहरा अपने सर बँधेगा और हारे तो हार का दोष ऑक्टोपसों के कुशासन के सर मढ़ा जा सकता है। उन्होंने जनपदों में नेतृत्व परिवर्तन के लिए हामी भर दी।

इन्द्र के आदेश से आनन-फानन में नेतृत्व परिवर्तन हुए। ऑक्टोपसों ने त्यागपत्र दिए। कछुओं ने नेतृत्व सँभाला। मछलियों, केकड़ों और न जाने कितने जलचरों ने करतल ध्वनि की।

सागर-मन्थन में कोई दो-ढाई महीने की देर थी। कछुओं ने अपनी ढाई महीने की बादशाहत को जमकर भोगा। नई-नई नीतियों की घोषणा की। खजाना खाली कर डाला। कई जगहों पर तो उन्होंने निर्वाचनाचार्य की नसीहतों पर भी ध्यान नहीं दिया। उन्होंने खुद को और इन्द्र को विश्वास दिलाया कि इस बार जीत हमारी ही है।

पर होनी को कौन टाल सकता है। सागर-मन्थन का दिन आ ही गया। दोनों दलों ने जन-सागर को मथना शुरू किया। प्रशासन के मन्दार पर्वत को वोटों की रस्सी से बाँधा। दोनों दल उसे अपनी ओर खींचने लगे। 'जोर लगाकर हैया, प्रजातंत्र की नैया' के नारों से वातावरण गूँजने लगा। जनसागर में उत्ताल तरंगें उठने लगीं।

दूरदर्शन के परदे पर सारा नजारा दिख रहा था। इन्द्र ने देखा कि कैसे मन्दार धीरे-धीरे पानी में डूबता जा रहा है। जैसे-जैसे गणना आगे बढ़ती गई बहुमत की लहरों ने उछल-उछलकर उसे अपनी गोद में समेट लिया।

बुझे मन से इन्द्र ने देखा कि प्रणयनाचार्य और विनोदाचार्य समीक्षा के दौरान सारे कछुओं से यही पूछ रहे थे कि आखिर मन्दार सँभला क्यों नहीं? हारे हुए कछुओं का एक ही उत्तर था–''लोग परिवर्तन चाहते थे।''

इस उत्तर से न दोनों आचार्य सन्तुष्ट थे, न इन्द्र स्वयं। भारी मन से उन्होंने टेलीविजन बन्द कर दिया।

कहानी सुनाने के बाद वेताल ने आम आदमी से पूछा, ''हे आम आदमी! देवों की इतनी करारी हार क्यों हुई, इन्द्र कहाँ चूके और कछुओं का उत्तर सन्तोषजनक क्यों नहीं था? अगर जान-बूझकर तुमने मेरे इन प्रश्नों का उत्तर नहीं दिया तो तुम्हारे सर के उतने टुकड़े होकर बिखर जाएँगे जितने आम चुनाव में मतदाता।''

आम आदमी ने एक नि:श्वास छोड़ा और कहा, ''हे वेताल! मुझे पता था कि तुम ऐसे सरल सवाल पूछोगे। खैर, इनके उत्तर भी तुम सुन ही लो।

''इन्द्र के दल का हार जाना लगभग तय था, जो पिछले सागर-मन्थन के परिणामों से ही स्पष्ट था। प्रश्न इतना ही था कि हार का परिमाण किस हद तक घटाया जा सकता था। पिछली हार से न इन्द्र ने कुछ सबक लिया, न उनके सलाहाकारों ने, और कठोर आत्मपरीक्षण तथा दल में फैले अन्त:कलह को मिटाने की बजाय उन्होंने बस नेतृत्व परिवर्तन कर डाला।

''कम्प्यूटर कुमारों की दिव्य-दृष्टि ने इसका परिणाम देखा था, पर वे इसे इन्द्र से छुपा गए। यह सही था कि अतीत में पुराने कछुओं ने ही डूबते मन्दार को अपनी पीठ पर धारण कर उबारा था। पर उस समय अन्य असन्तुष्ट जलचरों को उनकी टाँग खींचने का न मौका दिया गया था, न अनुमति। जबकि इन्द्र ने अपने शासन काल में विभिन्न असन्तुष्ट गुटों को जुझाए रखा था ताकि सब उन पर आश्रित रहें। इसलिए जनसागर-मन्थन नजदीक आने पर भी कछुओं की आधी-शक्ति उन मछलियों, केकड़ों, ऑक्टोपसों और अन्य जलचरों पर लगी रही, जो ऐसी कठिन घड़ी में भी

उनकी टाँग खींचने की चेष्टा कर रहे थे। खुद कछुओं ने भी इसी नीति का अतीत में अवलम्बन किया था, इसलिए कहने को उनके पास भी कुछ नहीं था। सबने यही नीति अपनाई थी कि 'हम तो डूबेंगे सनम तुझको भी ले डूबेंगे।' नतीजा सामने था।''

''बहुत अच्छे!'' वेताल ने कहा। चूँकि आम आदमी का मौन भंग हो चुका था, वह वापस उड़कर पार्टी कार्यालय की छत पर जा बैठा। आम आदमी ने उचटती निगाह उस पर डाली और मतदान केन्द्र की ओर बढ़ लिया।

मिट्टी के रास्तों का देश

मंत्री महोदय की आँखों में नींद नहीं थी। पिछले कई दिनों से वह बेचैन रहा करते थे और हर नए-नए सफल हुए व्यक्ति की तरह उन्हें भी अनिद्रा की बीमारी सताने लगी थी। इतनी छोटी-सी उम्र में ही वह राज्य में डीफेक्टो क्रमांक दो की हैसियत पा चुके थे। पार्टी-कोष में जमा करने के लिए चन्दे की गंगा को ले आने की भागीरथी सामर्थ्य उनमें थी।

पर वह बेचैन थे। विज्ञापनों की खूबसूरत फिल्म तारिकाएँ जितने विश्वास के साथ 'अपनी खूबसूरती का राज' जानती थीं, मंत्री महोदय अपनी सफलता का राज नहीं जानते थे।

हाल ही में वह अरब देशों का दौरा कर आए थे और उन्हें इस ऐतिहासिक तथ्य का पता लगा था कि जब कभी राजाओं को नींद न आ पाने की बीमारी हुई है, 'अरेबियन नाइट्स' जैसी अमर कलाकृतियों का जन्म हुआ है।

सचिव बीरबल को जब यह हुक्म मिला, बड़े घबराए—कभी न खत्म होनेवाली कहानी?

सारे विभाग में मुनादी कर दी गई। मंत्री महोदय को कभी खत्म न होनेवाली कहानी सुनाना है। अगर सुनते-सुनते उन्हें नीद आ गई तो कहानी सुनानेवाले को मनचाही पदोन्नति मिलेगी, पर अगर यह कहानी उससे पहले ही खत्म हो गई तो उनका कहर तबादला बनकर बरपेगा और वह भी ऐसी-वैसी जगह नहीं, घर से दूरतम इलाके में जहाँ बच्चों के पढ़ने के लिए न स्कूल हो, न बरसात में आवागमन की सुविधा। संक्षेप में पनिशमेंट पोस्ट पर।

कुछ साहसी आगे आए। कुछ वैसे भी पनिशमेंट पोस्ट पर जानेवाले थे इसलिए उनका कुछ बिगड़नेवाला नहीं था। हर शाम एक-एक वक्ता कहानी

सुनाने की कोशिश करता। इसाप-नीति से लेकर निर्यात-नीति तक, पंचतंत्र से लेकर चुनाव-तंत्र तक। पर साहब कहानियाँ ही तो थीं!...उनका कहीं-न-कहीं अन्त होना ही था।

तबादले शुरू हो गए। मंत्री जी की बेचैनी भी बढ़ने लगी। बीरबल की घबराहट भी। पनिशमेंट पोस्ट वैसे भी होती ही है कम। एक बार वह सारी भर गई तो सारे विभाग का अनुशासन ही खत्म हो जाएगा और मंत्री महोदय ने फाइलों पर अनुमोदन तक करना बन्द कर दिया था। सारे विभागीय मामले, काम, अनुदान इत्यादि बन्द होने लगे। फलतः सबमें असन्तोष बढ़ने लगा। यही हालात रहे तो रुष्ट होकर मंत्री कहीं बीरबल की ही 'स्वैच्छिक निवृत्ति' न करा दें!

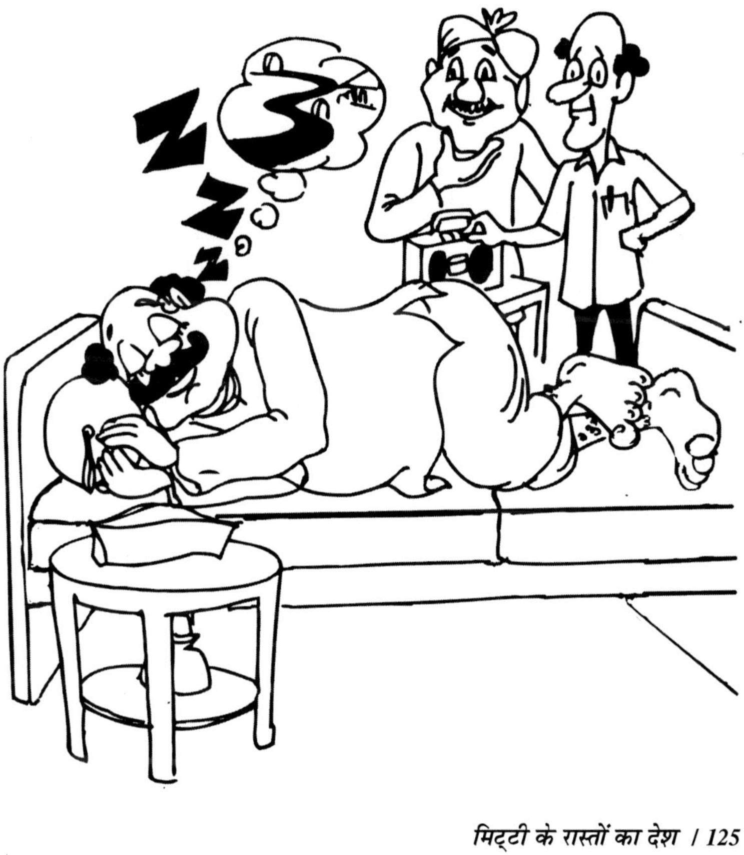

चतुर अर्दली 'अनुभवी' अपने मालिक की दिन-ब-दिन बढ़ती परेशानी को नोट कर रहा था। उसने अपने जीवन काल में ढेरों सचिव और मंत्री देखे थे। हालाँकि वह अस्सी वर्ष का होने को आया था, पर सरकारी कागजों में महज पचपन वर्ष का ही था। उसकी उम्र हर दस वर्ष बाद बदलकर पचपन रह जाती थी, ठीक पहेली की उस चींटी की तरह जो दीवाल पर दस फीट ऊपर चढ़ने के बाद नौ फीट नीचे खिसक आती है। उसने बीरबल की मदद करने का निश्चय किया।

अनुभवी को मंत्री जी के कक्ष में पहुँचाकर आने के बाद बीरबल को लगा जैसे वह दो-दो लोगों को एक साथ सूली के पास पहुँचा आए हैं—खुद को और खुद के अर्दली को।

मंत्री महोदय ने अनुभवी की ओर देखा। उसकी नजरें शान्त और संयत थीं। क्या यह बूढ़ा वाकई न खत्म होनेवाली कहानी सुना पाएगा?

"बहुत पहले एक देश हुआ करता था, मिट्टी के रास्तों का देश। वहाँ ढेर सारे रास्ते थे और ढेर सारे ठीकेदार। यह कहानी उन्हीं रास्तों की कहानी है।

"एक रास्ता बनना था। काम के लिए टेंडर मँगाए गए। खुले। एक ठीकेदार आया। ठीका पाया। रास्ते पर मिट्टी पड़ी।

"बीच में बरसात आई। पानी बरसा, रास्ते पर बहा। मिट्टी को धो ले गया। रास्ते की नाप हुई। बिल बना। भुगतान हुआ। हिस्सों ने अपना-अपना रास्ता ढूँढ़ लिया—तक्षकों की जेबों से राजा इन्द्र के खजाने तक।

"रास्ता फिर बनना था। काम के लिए फिर टेंडर मँगाए गए। खुले। एक ठीकेदार आया। ठीका पाया। रास्ते पर फिर मिट्टी पड़ी। बरसात को फिर आना था। वह आई। रास्ते पर पानी बहा, मिट्टी को धो ले गया। रास्ते की नाम हुई। बिल बना। भुगतान हुआ। हिस्सों ने अपना-अपना रास्ता फिर ढूँढ़ लिया। तक्षकों की जेबें और राजा इन्द्र का खजाना फिर भरे।

"रास्ता फिर भी बनना था। फिर टेंडर मँगाए गए। खुले। एक ठीकेदार आया, ठीका पाया। रास्ते पर फिर मिट्टी पड़ी..."

"अरे-अरे! तुम तो वही-वही दोहरा रहे हो, इसे छोड़ो! बताओ क्या हुआ?

"गुस्ताखी माफ हुजूर! जब-तक सारे रास्ते, सारे ठीकेदार और सारे वर्षों का जिक्र नहीं हो जाता, कहानी आगे कैसे बढ़ेगी? इसके बाद ही कहीं जाकर अगले हिस्से की यात्रा का वर्णन होगा।"

वह कहानी सुनाता गया–सुनाता गया। मंत्री महोदय भी सुनते रहे-सुनते रहे। धीरे-धीरे उन्हें भी सुनने में रस आने लगा। उनकी आँखों के सामने वे सारे दृश्य एक-एक कर साकार होने लगे। कहीं मिट्टी पड़ रही है, कहीं बरसात हो रही है, कहीं पानी द्वारा मिट्टी को धो ले जाने का मनोरम समाँ है, कहीं माप-जोख हो रही है, बिल बन रहा है, भुगतान हो रहा है।

उन्होंने अनुभवी को बताना चाहा कि कहानी पुरानी नहीं है, नई है। मिट्टी के रास्तों का देश अभी भी मौजूद है और उसका नाम है 'ग्रामीण भारत'। पर उनकी पलकें भारी हो चुकी थीं। नींद ने उन्हें धीरे-धीरे अपनी आगोश में ले लिया।

अनुभवी ने टेप का स्विच ऑफ कर दिया। मंत्री जी गहरी नींद में थे। उनके चेहरे पर एक मन्द मुस्कान थी। वैसी ही जैसी खूबसूरत फिल्मी तारिकाओं के चेहरे पर होती है। वे अब अपनी 'सफलता' का राज जान चुके थे और अपने बारे में सन्तुष्ट थे, आश्वस्त थे।

आतंकवाद से मुकाबला–तीन नीति कथाएँ

(पंडित विष्णु शर्मा और इसाप से क्षमायाचना सहित)

कथा–1

हर बार की तरह आज भी ऋषि महोदय लम्बे देशाटन पर निकले थे। उनका नित्य का मार्ग गणतंत्र के जंगल से होकर गुजरता था। यह उनका प्रिय पथ था। गणतंत्र के विकास को वह हर ऋतु में देखा करते थे। आज भी प्रसन्नचित्त से वे जंगल से गुजर रहे थे।

पर अचानक उन्हें एक कोलाहल–सा सुनाई दिया। ऋषि थोड़ा चिहुँके। कोलाहल निश्चय ही शिकार करने वालों का नहीं लग रहा था। यह किन्हीं संकट में फँसे पक्षियों के स्वर जैसा लग रहा था। ऋषि ने आवाज की दिशा में अपने कदम बढ़ाए।

घने से जंगल के बीच एक खुला–सा क्षेत्र। उसमें एक जाल बिछा हुआ। जाल में फँसे हुए कबूतर शोर मचा रहे थे। ऋषि को देखते ही उन्होंने गुहार लगाई बचाने की। बहेलिया कहीं पास ही होगा, अगर आ गया तो...!

"पर यह बताओ कि तुम सारे एक साथ इस जाल में फँसे कैसे?" ऋषि ने पूछा, "क्या किसी ने जाल को भाँपा नहीं? क्या आपस में उनका कोई तालमेल नहीं था? क्या टोह लेने वाले उनके कबूतरों ने समय पर सूचना नहीं दी थी? टोह लेने वाले विभिन्न कबूतर दलों का यह काम तो रहता ही है। कोई आन्तरिक सुरक्षा पर नजर रखता है तो कोई बाहरी। कोई आकाश मार्ग पर निगरानी करता है तो कोई जल मार्ग पर और कोई थल मार्ग पर।"

"क्या करें मुनिवर?" झेंपी हुई हँसी के साथ कबूतरों के नेता ने फरमाया। "सूचनाएँ तो मिली थी। कुछ ने बहेलियों की गतिविधियों के बारे में बताया था, कुछ ने जंगल में जाल की सम्भावित जगह के बारे में। हमें यह भी सूचना दी थी कि कुछ बोरे दानों के भी खरीदे गए हैं। पर क्या करें इन पर कार्यवाही नहीं हो पाई। नतीजा आपके सामने है। इस बार बचा लें। अब से हम सतर्क रहा करेंगे।"

बहस का वक्त था नहीं। फिर भी ऋषि ने एक पाठ उन्हें पढ़ाने की आवश्यकता महसूस की। उन्होंने कहा, ''एक शर्त है। मैं जाल को चारों ओर से काटूँगा। तुम लोगों को मिल-जुलकर उसे ले उड़ना होगा और बाहर जाकर खुद को स्वतंत्र करना होगा। पर उससे पहले एक पाठ सबको याद करना पड़ेगा। सारे मेरे साथ दुहराओ–''शिकारी आएगा दाना डालेगा लोभ से उसमें फँसना नहीं।''

मरता क्या न करता? ऋषि का उपदेश भले ही पसन्द न आया हो पर उनकी बात पर अमल करना जरूरी था और वह भी शीघ्र ही करना था। न जाने कब बहेलिया आ जाए। सो सबने एक कंठ से दोहराया–'शिकारी आएगा दाना डालेगा लोभ से उसमें फँसना नहीं।'

ऋषि आश्वस्त हुए। चार-पाँच बार पाठ दुहराने के बाद उन्होंने जाल के चारों सिरे खोल दिए। कबूतरों ने पूरे तालमेल के साथ जोर लगाया और आसमान में उड़ चले।

ऋषि को सुखद आश्चर्य हुआ–ऐसा तालमेल! पर यह मात्र संकट की घड़ियों में ही क्यूँ होता है। आम समय में ऐसा तालमेल हो तो संकट आ ही न पाए।

जाते हुए कबूतरों के मुँह से पाठ के स्वर अभी भी हवा में तैर रहे थे– 'शिकारी आएगा दाना डालेगा लोभ से उसमें फँसना नहीं।'

अपनी राह चल पड़े ऋषि ने कनखियों से देखा। अपने खाली गए वार पर कलपता हुआ बहेलिया कबूतरों को जाल समेत जाते हुए निहार रहा था।

आज फिर ऋषि देशाटन पर निकले थे। वही पुराना मार्ग। गणतंत्र का जंगल। अपने-अपने तरीके से विकसित होता हुआ।

पर यह क्या! उन्हें फिर एक बार कोलाहल सुनाई दिया। यह आखेट करने वालों का शोर तो नहीं था–विपदा में फँसे हुए लोगों का ही शोर था।

थोड़े से आश्चर्यचकित ऋषि ने मचे हुए शोर की ओर अपने कदम बढ़ाए। जंगल के बीच में एक और खुला-सा मैदान और मैदान के बीच में एक जाल। और जाल में फँसा हुआ वही कबूतरों का दल!

हाँ, एक फर्क अवश्य था। इस बार सभी कबूतर समवेत कंठ में दुहरा रहे थे– 'शिकारी आएगा दाना डालेगा लोभ से उसमें फँसना नहीं।'

कथा-2

हर राज्य में जैसा होता है यहाँ भी एक राजा था, एक सेनापति और एक अदद विदूषक-तेज बुद्धि वाला और सबको हँसाने वाला।

और जैसा कई बार होता है विदूषक ने कभी असावधानी में सेनापति का मजाक उड़ा डाला। क्रुद्ध सेनापति ने उसे तलवारबाजी के लिए ललकार दिया। अचम्भे की बात यह थी कि विदूषक ने आह्वान को स्वीकार भी कर लिया। राजा की जान साँसत में! विदूषक का काम अब तमाम ही समझो। पर नियम आखिर नियम होते हैं। युद्ध की तिथि का निर्धारण करना ही था। काफी टालमटोल कर आखिरकार तीन महीने बाद का समय नियत हुआ।

सेनापति ने अपनी मूँछों पर ताव दिया। अब पता चलेगा बच्चू आटे-दाल का भाव! बड़े राजा की नाक के बाल बने फिरते थे। अपनी औकात भी भूल गए। तलवारबाजी और मुझसे! सही कहा है-'विनाशकाले विपरीत बुद्धि'।

दरवाजे पर गुप्तचर को देख उसे कौतूहल हुआ, "कहो गुप्तचर! क्या समाचार लाए हो? राज्य में सब ठीक-ठाक? और सीमाओं पर?"

"सेनापति की जय हो!" गुप्तचर ने कहा, "आपके होते हुए कैसी चिन्ता। हाँ, एक खबर है आपके लिए।"

"वह क्या?"

"आपने गौर किया होगा कि तलवार-युद्ध की तारीख नियत हो जाने के बावजूद विदूषक उतना चिन्तित नजर नहीं आता जितना उसके मित्र और स्वयं महाराज भी। आपको इस पर कोई आश्चर्य नहीं होता?"

बात में थोड़ा दम तो था जरूर। सेनापति को भी थोड़ा असहज लगा। आदमी अभिनय या ऊपरी दिखावा कर भी ले पर कहाँ तक! थोड़ी-बहुत चिन्ता तो विदूषक के चेहरे पर, हाव-भावों में, तौर-तरीकों में नजर आनी चाहिए थी।

"मैंने इसके बारे में काफी छान-बीन की सेनापति जी।" गुप्तचर ने कहा, "और अब मेरी समझ में आया वास्तविकता क्या है और विदूषक परेशान क्यों नहीं हैं!"

''वह क्या?'' सेनापति की उत्सुकता और बढ़ी।

''विदूषक है बड़ा काँइयाँ'' गुप्तचर ने कहा, ''उसने कहीं से आपकी तलवार की लम्बाई की जानकारी प्राप्त कर ली है और अब अपने आयुध बनाने वाले से कहा कि उससे एक फुट लम्बी तलवार बनाए। ताकि युद्ध के दौरान आप उसके शरीर तक अपनी तलवार की नोक न ला पाएँ। इससे ही वह काफी वाहवाही बटोर लेगा। हारना तो कम्बख्त को है ही।''

''वाह रे चतुर सुजान विदूषक!'' सेनापति ठठाकर हँसे। गुप्चतर की ओर मुखातिब होकर बोले, ''अच्छी खबर लाए हो। यह लो स्वर्ण मुद्राएँ। ऐसी ही सेवा जारी रखो।''

''जो आज्ञा महाराज!'' गुप्तचर ने विदा ली।

सेनापति ने अपने कुशल लुहार को सन्देश भिजवाया। युद्ध के लिए एक अलग तलवार बनेगी। उनकी आम तलवार से डेढ़ फुट लम्बी। ध्यान रहे, काम में कोई कोताही न हो।

उस दिन गुप्तचर को विदूषक की ओर से स्वर्ण-मुद्राओं की थैली और अगले काम का संकेत दोनों मिल गए।

''सेनापति की जय हो।'' गुप्तचर का स्वर थोड़ा व्यग्र था, ''आपकी आयुध निर्माणशाला में गोपनीयता का अभाव लगता है। विदूषक को न जाने कैसे आपकी नई तलवार के बारे में पता चल गया है। और अब वह अपनी तलवार को और दो फुट लम्बा बनवा रहा है। यही नहीं, वह कुछ दाँव-पेंच भी सीख रहा है। आप थोड़ा सजग रहें प्रभु! कहीं....''

''नहीं-नहीं, तुम चिन्ता न करो।'' सेनापति ने प्रकट में कहा। पर मन ही मन थोड़ा झुँझलाए। गुप्तचर को स्वर्ण मुद्राएँ देकर विदा किया। आयुध निर्माणागार में खबर भिजवाई। तलवार की लम्बाई बढ़ाई जाए और हाँ, इस बार किसी को कानो-कान खबर न हो...।''

मन्द स्मित करते हुए विदूषक ने गुप्तचर को और स्वर्ण मुद्राएँ दीं और अपना कार्य जारी रखने को कहा। गुप्तचर ने सेनापति के पास जाकर विदूषक की और भी लम्बी हुई तलवार का ऐसा खाका खींचा कि मुख्य लुहार का निलम्बन और आयुध निर्माणागार के निदेशक की बदली हो गई। एक लम्बी तलवार का निर्माण फिर शुरू हुआ।

जैसे-जैसे युद्ध का समय पास आता गया सेनापति की व्यग्रता बढ़ती गई और तलवार की लम्बाई भी। नए-नए धातु-मिश्रणों पर प्रयोग हुए ताकि तलवार लम्बी तो हो पर भारी नहीं।

विदूषक की निश्चिन्तता सबको चौंका गई। कइयों ने उसे ढीठ कहा, कइयों ने पागल...। आखिरकार युद्ध का दिन आ ही गया। दर्शकों से खचाखच भरा मैदान। एक छोर से सेनापति ने पदार्पण किया तो दूसरे छोर से विदूषक ने। राजा ने दोनों की सहमति पूछी युद्ध शुरू करने के लिए।

"थोड़ा ठहर लें महाराज!" सेनापति ने कहा, "मेरी तलवार आ रही है।" कनखियों से उससे विदूषक के पीछे रखी एक लम्बी सी तलवार की खोल को देखा जिसे लिये दो दूत खड़े थे। तलवार की मूठ चमक रही थी। पर उसने यह भी गौर किया कि विदूषक की कमर में एक छोटी-सी तलवार बँधी हुई थी।

मन-ही-मन सेनापति मुस्कराया, 'बच्चू, सबको झाँसा देने के लिए छोटी तलवार बाँध रखी है जबकि खींचेगा तू लम्बी तलवार। मैंने भी कच्ची गोलियाँ नहीं खेल रखी हैं। तू अपनी भारी तलवार घुमा भी नहीं पाएगा कि मेरी लम्बी तलवार की नोक तेरे सीने पर।'

"तलवार आ रही है का क्या मतलब सेनापति?" राजा ने कौतूहल से पूछा। यह सही था कि सेनापति की कमर में कोई तलवार नहीं बँधी थी। यह एक अजूबा था।

राजा की उत्कंठा को और न खींच सेनापति ने ताली बजाई। सारे दर्शकों ने अचम्भे से देखा एक ठेलागाड़ी पर रखी लम्बी-सी तलवार आ रही थी। ठेलागाड़ी आकर सेनापति के पास रुकी।

"यह क्या सेनापति!" राजा ने क्रोधित होकर कहा, "यह एक बचकानी हरकत लगती है। इतनी लम्बी तलवार से युद्ध?"

"आप चिन्ता न करें महाराज!" विदूषक ने कहा, "युद्ध आरम्भ करने की अनुमति दी जाए।"

राजा को उसकी ढिठाई पर आश्चर्य हुआ। सेनापति को उसकी नादानी पर। दर्शकों में अधीरता बढ़ रही थी।

जैसे ही युद्ध घोषणा की भेरी बजी, सेनापति ने झपटकर अपनी तलवार को म्यान से खींचना शुरू किया।

पर यह क्या? जब तक उसकी लम्बी तलवार म्यान से निकल पाती, विदूषक अपनी छोटी-सी तलवार को म्यान से खींच सेनापति की गर्दन से भिड़ा चुका था।

कथा-3

बूढ़ा पिता अपनी मृत्यु-शय्या पर पड़ा हुआ था। अपने चारों बेटों का क्या करे उसकी समझ में नहीं आ रहा था। चारों बेटे हमेशा आपस में झगड़ते रहते। बूढ़े ने जो दबदबा गाँव में बनाए रखा था वह शायद उसके साथ ही खत्म हो जाने वाला था। अगर ये चारों भाई आपस में मिल-जुलकर रहते तो क्या कोई इस दबदबे को चुनौती दे पाता? उसने एक गहरी साँस छोड़ी।

"मैं भी कितने दिन बचूँगा!" मुनीम ने कहा, "जब तक हूँ इन्हें समझा सकता हूँ। काश! ये एकता का, तालमेल का महत्त्व समझते!"

बूढ़े ने एक आखिरी प्रयत्न करने की सोची। उसने चारों बेटों को बुलाया और हरेक को दो-दो टहनियाँ लाने को कहा।

एक-एक टहनी हर बेटे के हाथ में देकर बूढ़े ने उसे तोड़ने के लिए कहा। जवान-जहान बेटे थे। हरेक ने टहनी खटाखट तोड़ दी।

फिर बूढ़े ने मुनीम को इशारा किया। चार बची टहनियों को एक साथ बँधवाया और फिर एक बार बच्चों को कहा कि बँधी टहनियों के गट्ठर को तोड़कर दिखाएँ।

जैसा कि इसाप नीति हम आप बचपन से पढ़ते आए हैं—टहनियाँ नहीं टूटीं।

छपते-छपते

आतंकवाद विरोधी कानून के तहत पुलिस ने निम्न व्यक्तियों पर मुकदमा दायर किया है :

पंडित विष्णु शर्मा, श्री इसाप, एक अनाम ऋषि और एक विदूषक।

छापे में पुलिस और सुरक्षा बलों के हाथ जो आपत्तिजनक सामग्री लगी है, उसमें बहेलिए का जाल, कबूतरों के दाने, लम्बी तलवार की खाली म्यान और टूटी टहनियों के टुकड़े शामिल हैं। अहम सरकारी गवाहों के नाम इस प्रकार हैं–(1) सेनापति, (2) बहेलिया, (3) कबूतर और (4) मुनीम।

मुकदमे की अगली तारीख का इन्तजार है।

वेताल-कथा : तू डार-डार हम पात-पात

आदमी आम ने फ्लाई-ओवर से लटके वेताल के शव को उतारकर अपने कन्धों पर लादा और अपनी राह चल पड़ा। वेताल ने उसके जीवट की मन ही मन प्रशंसा की पर प्रकट में कहा, "हे आम आदमी! तुम्हारी लगन देखकर मुझे हनुमानजी की याद आ रही है जब वे शहर की यातायात समस्या को सुलझाने में जी-जान से लगे हुए थे। पता नहीं तुम कौन से ध्येय के पीछे पड़े हो! फिर भी तुम्हारा दिल बहलाने के लिए वह कहानी तुम्हें सुना ही दूँ।"

फिर एक कहानी? आम आदमी को वेताल की मंशा मालूम थी, पर क्या करता? आम आदमी था सो चुप रहने को मजबूर था। वेताल ने भी उसकी चुप्पी को हामी मानकर कहानी सुनाना शुरू किया।

हनुमान को जब परिवहन व्यवस्था की जिम्मेदारी सौंपी गई तो वह थोड़े आश्चर्यचकित हुए। यार-दोस्तों को भी अचम्भा हुआ। अब तक हनुमान काफ़ी अच्छे पदों पर रहे थे—पर यह सड़क परिवहन!

इन्द्र ने समझाया, "हनुमानजी यह जिम्मेदारी आप ही निभा सकते हैं। आप काफी सीनियर हैं, अच्छा-खासा तजुर्बा रखते हैं। शहर की यातायात समस्या आप नहीं सुलझा पाए तो बिरला ही कोई सुलझा पाएगा। हम किष्किन्धा नगरी को लाख विश्व स्तर पर लाना चाहें, ढेर सारा विदेशी पूँजी-निवेश आकर्षित करना चाहें, पर जब तक ये ट्रैफिक जाम रहेंगे, एक जगह से दूसरी जगह जाने के लिए गाड़ियाँ दौड़ने की बजाय रेंगेंगी—कौन विश्वास करेगा हमारे दावों पर, वादों पर और शहर की वाहवाही के बयानों पर? आपका काम है सड़क-परिवहन सुधारें, किष्किन्धा को सिंगापुर के बराबर ले आएँ—कम से कम शंघाई के दर्जे पर तो सही। इसमें आप जैसी चाहें रणनीति बनाएँ। आपको हमारा पूरा समर्थन रहेगा।"

हनुमान तो हनुमान थे। आज्ञाकारी। सो तबादले का आदेश लिया, नया पदभार सँभाला, और पहले ही दिन से समस्या के अध्ययन में लग गए।

हनुमान के आगमन की खबर हर किसी को लगी–सुरसा को भी। सुरसा जलचरों की रक्षक थी। लंका की तरफ जानेवालों को रोकना उसका काम था और इसे वह बखूबी बजा लाती थी। उसने ऐसे कई अधिकारी देखे थे शहर सुधारने वाले। यह एक और नया अधिकारी।

हनुमान समस्या के समाधान की राह पर बढ़े। न उत्साह की कमी थी, न धन की। किष्किन्धा को विश्व-स्तर की नगरी जो बनाना था। पर यह क्या सामने मुँह बाए खड़ी सुरसा।

''तुम कौन हो?'' हनुमान ने पूछा।

''मैं कौन?'' सुरसा के चेहरे पर स्मित झलका, ''मैं समस्या हूँ समस्या! मुझे पार किए बिना तुम अपने लक्ष्य की ओर नहीं बढ़ सकते।''

''मेरा लक्ष्य तो शहर की यातायात समस्या को सुधारना है। उसमें तुम क्यों रोड़ा बन रही हो?''

''रोड़ा कहाँ! पहले मैं जैसा कहती हूँ करो। तो मैं तुम्हें आगे बढ़ने दूँ। यह देखते हो सँकरे रास्ते? उनकी बगल में अतिक्रमण। ट्रैफिक सिग्नलों का अभाव। पहले यह सब सुधारो।''

'कोई बड़ी बात नहीं है,' हनुमान ने सोचा। वैसे भी यह आवश्यक था ताकि गाड़ियाँ सही ढंग से चलें। बेवजह जाम न लगे। उन्होंने तुरन्त सारे कदम उठाए। सड़कों की मरम्मत कराई, रास्ते चौड़े हुए, ट्रैफिक की बत्तियाँ लगीं, अतिक्रमण हटे।

हर तरफ हनुमान के काम की भूरि-भूरि प्रशंसा हुई। सड़कों पर की अव्यवस्था घटी। लोग खुश हुए। हनुमान का उत्साह बढ़ा।

पर यह क्या! जैसे ही हनुमान का कद बढ़ा, सुरसा का मुँह और बड़ा हो गया। शहर में अचानक गाड़ियों की तादाद बढ़ी। ऑटो-रिक्शा बढ़े, टैक्सियाँ बढ़ीं, निजी कारें बढ़ीं, सड़क जाम बढ़ा, और तो और बरसात में रास्तों पर पानी। क्योंकि इन सारी गतिविधियों में नालों की मरम्मत का काम तो छूट ही गया।

''ऐसे काम नहीं चलेगा।'' सुरसा ने कहा, ''शहर को फ्लाईओवरों की जरूरत है, ड्रेनेज की मरम्मत की जरूरत है। पहले यह सब करो, फिर तुम्हें अपने रास्ते बढ़ने दूँ।''

'कोई बात नहीं।' हनुमान ने सोचा, "वैसे भी शहरी विकास के लिए विश्व-बैंक वालों का प्रोजेक्ट बनाना है। क्यों न अच्छा सा प्लान बना लिया जाए! फ़्लाईओवर, ड्रेनेज व्यवस्था वगैरह-वगैरह।

ठेकेदारों की बाछें खिल गईं। विकास हो तो ऐसा हो-और रास्ते, और पुल, और निर्माण, और नफा! 'जय हनुमान' का नारा फिजा में तैरने लगा। गाड़ी बनाने वालों की, डीलर लोगों की और गाड़ी के लिए कर्ज देने वालों की बाछें खिल गईं। जिस परिमाण में रास्ते बढ़े उससे कहीं अधिक तादाद में गाड़ियाँ बढ़ीं। जिनका स्कूटर था उन्होंने अब छोटी कारें लीं, छोटी कार वाले बड़ी कारों की ओर बढ़े। युवकों ने कर्जे पर सूमो, बोलेरो और न जाने क्या ख़रीदना शुरू कर दिया। सड़क पर जाम छँटने की बजाय बढ़ता गया। पर साहब 'बूम' तो 'बूम' है।

हनुमानजी परेशान, वह जितना पैसा खर्च करें; सुरक्षा की माँग उतनी बढ़े। कहने को तो ठीकेदार, डीलर, फ़ाइनेंसर सब खुश-पर यातायात की समस्या जस की तस! और आम आदमी अलग से परेशान। उस पर इन धनकुबेरों की गाड़ियाँ दुर्घटनाएँ बढ़ाने लगीं। बाहर देशों में जो रईसजादे एक ग्लास बीयर लेने के बाद गाड़ी को हाथ न लगाएँ वे शहर में नशे में धुत्त गाड़ी चलाना अपनी शान समझने लगे। दो-चार लोग दब-कुचल गए तो क्या, बड़ी बोली लगाओ छूट जाओ। वैसे भी यह फुटपाथ पर सोने वाले ही तो देश की समस्याओं की जड़ हैं। पालने का शऊर नहीं, बच्चे धड़ल्ले से पैदा किए जा रहे हैं।

"और नहीं तो क्या?" ब्लू लाइन वाले ने भी हाँ में हाँ मिलाई। "ये कम्बख्त हमारी गाड़ी के सामने क्यों पड़ जाते हैं। वह तो सर जी का भला हो। एक फोन लगा देते हैं थाने, हमारा सुरक्षा-कवच बरक़रार रहता है वरना ये रास्ता चलने वाले तो..."

"सही फर्माते हैं आप।" काले धन वाले बोले। "हमने सोचा था अब समय अच्छा आ रहा है। एकाध दर्जन मर्सीडीज खरीदकर रखें पर उन्हें रास्ते पर नहीं ले जा पाते। घर के अहाते में ही पार्क कर देना पड़ता है, मीडिया वालों से छुपाकर।"

कुल मिलाकर किस्सा यह कि यातायात समस्या घटने की बजाय फैलती जा रही थी। ज़्यादा गाड़ियाँ, ज्यादा जाम, ज्यादा दुर्घटनाएँ। हनुमान परेशान थे।

जैसा कि आमतौर पर होता है, नारद मुनि पधारे। उन्हें देखकर हनुमान की बाछें खिल गईं। सुना था नारद हाल में ही विश्व बैंक के सलाहकार का कार्यकाल समाप्त कर लौटे हैं और वह भी यातायात विभाग में। सोने में सुहागा। "मुनिवर आप ही इस समस्या का कोई उपाय बताएँ। मैंने जितने भी प्रयास किए हैं विफल हो रहे हैं। कितना पैसा फूँकूँ, रास्ते बढ़ाऊँ, पुल बनाऊँ, निदान नहीं मिलता। देवेन्द्र भी क्या सोचते होंगे!"

नारद मुस्कुराए। वह तकरीबन हर देश का भ्रमण कर आए थे। विश्व-बैंक का भला हो। घूमने की आजादी है। सुविधाओं की कमी नहीं, बशर्ते नारायण-नारायण की जगह 'निजीकरण-निजीकरण' का मंत्र जाप करो। अगर निजीकरण से समस्या न सुलझे तो कहो कि और ज्यादा निजीकरण करो। लेनदार देश को ऐसी कगार पर ले जाओ जहाँ से वह वापस न आ जाए। निजीकरण के अगाध गर्त में गिरता ही चला जाए।

खैर यहाँ मामला अलग था। अब वह मुक्त थे। हनुमान को सही सलाह देने को स्वतंत्र।

"पर देवेन्द्र क्या इन समाधानों की अनुमति देंगे?" उन्होंने पूछा। 'इनसे आम आदमी को फायदा पहुँचेगा—ठेकेदारों को नहीं।"

"तो क्या हुआ?" हनुमान बोले, "मुझे पूरी आज़ादी है। देवेन्द्र हस्तक्षेप नहीं करेंगे।"

नारद के चेहरे पर रहस्यमयी मुस्कान तैर गई। "ठीक है तो सुनो—तुम्हें यातायात के ढाँचे में परिवर्तन लाना होगा ताकि अधिक-से-अधिक लोग निजी गाड़ियों से दूर हटें और जन परिवहन की ओर झुकें। तुम्हें बसों को और नियमित और बेहतर एवं अधिक अनुशासित बनाना होगा। पार्किंग को और महँगा करना पड़ेगा। पैदल पथों और साइकिल पथों को बढ़ाना पड़ेगा। बेहतर बसें चलानी होंगी जिनमें घुस पाने का साहस सिर्फ़ डार्विन के चेलों को ही नहीं बल्कि स्त्रियों, बड़े-बूढ़ों, विकलांग लोगों को भी हो। दफ्तर के

समय में थोड़े परिवर्तन लाओ ताकि एक ही समय में रास्तों पर गाड़ियों का बोझ न पड़े।''

''बात में दम है मुनिवर! इन उपायों में पैसे भी ज्यादा खर्च नहीं होंगे। हाँ, लोगों को थोड़े अनुशासन की आदत डालनी होगी।''

''पर समस्या कपिवर वही आएगी। इसे आसान मत समझना। इस प्रस्ताव में न ठीकेदारों को फायदा है, न गाड़ीवालों का, न उसे बेचनेवालों का या फिर फाइनेंसरसें का। आम लोग भी अनुशासन के नाम पर बिदकेंगे। किष्किन्धा नगरी का हर नागरिक चाहता है कि नियम सख्ती से लागू हों लेकिन औरों पर। सो तुम्हें हर किसी को साथ लेकर चलना पड़ेगा।''

''वह कैसे?'' हनुमान ने पूछा।

नारद ने बताया और अन्तर्धान हो गए।

कहे के मुताबिक हनुमान ने पूरी योजना तैयार की। उसे लोगों के बीच प्रसारित किया। मुहल्ला समितियों से सुझाव मँगाए। अखबारों और टी.वी. पर परिचर्चाएँ कराईं, मीडिया को अपने साथ लिया और एक दिन तय कर दिया सारी योजना का देवेन्द्र के हाथों शुभारम्भ कराने का।

जलचरों में खलबली मच गई। यह क्या? पार्किंग महँगी होगी? अच्छी बसें चलीं तो मेरी आपाधापी का क्या होगा? नई सड़कें न बनीं तो नफे का क्या होगा? यह साइकिल ट्रैक क्या बेवकूफी है? और यह हनुमान होता कौन है पैदल-जोन तय करने वाला? हमारी गाड़ी दुकान के ठीक सामने जाकर लगनी चाहिए। हम क्या पैदल चलेंगे! कुछ नहीं, सुरसा को अब जाकर कहना पड़ेगा।

सुरसा खुद परेशान थी। यह प्राणी पतली गली से खिसकेगा। यह उसने नहीं सोचा था। वह तो खुश थी खर्च बढ़वाकर। जितना योजना पर खर्चा ज्यादा, जलचर उतने खुश और हनुमान उन्हें लागू करने में व्यस्त। पर यह तो छोटे-छोटे, मितव्ययी और कारगर उपाय लागू कर रहा है।

कई शताब्दियों पहले इसी नाम का एक और जीव उसे छलकर चला गया था। हाँ, हनुमान ही था वह। लंका की ओर जा रहा था। जितना उसका कद बढ़े उतना ही सुरसा का मुँह बढ़ जाता था उसे निगलने। कितनी सफ़ाई

से वह भी अचानक अपने कद को अँगूठे-भर का कर निकल गया था। नहीं, इस बार वह हार नहीं मानेगी। इन्द्र पर दबाव डालना ही पड़ेगा।

इन्द्र भी इतने अनभिज्ञ नहीं थे। जलचर उनके पास भी पहुँचे थे। उन्हें भी हनुमान की नई रणनीति की प्रत्याशा नहीं थी। लगता है, हनुमान ने अपने काम को जरा ज्यादा ही गम्भीरता से ले लिया। पर अब क्या करें– "नहीं, इस वक्त मैं आप लोगों के लिए कुछ नहीं कर सकता।"

"पर देवराज!" सुरसा ने उन्हें समझाया, "यह एक गम्भीर समस्या है। परिवहन के क्षेत्र में जो पैसे हम बनाते हैं उस पर हर तरफ से लगाम लगने लगेगी। आज यह किष्किन्धा है, कल अमरावती और परसों न जाने और कहाँ! और यह न भूलें देवराज कि चुनावों में जलचर ही आपके दल को अर्थ और साधन जुटाते हैं–ये मगरमच्छ, ये घड़ियाल, ये बड़ी मछलियाँ। आम मछली चुनाव के पैसे नहीं देती।"

सुरसा की बातों और जलचरों के चेहरों पर की सख्ती इन्द्र से छिपी नहीं है। पर प्रकट में उन्होंने कहा, "मैं मजबूर हूँ। हनुमान की योजना के पहले चरण का शिलान्यास करने का मैं वचन दे चुका हूँ। उनसे अब मुकर पाना सम्भव नहीं है।"

अपने विश्वस्त गुप्तचरों के जरिए यह समाचार पाकर हनुमान काफी खुश हुए, वह वाकई समस्या का समाधान चाहते हैं, वह भी आम नागरिक की सुविधा के लिए। साधु-साधु! नारद भी बिना वजह सन्देह कर रहे थे। और यह मीडिया वाले भी बिना जाँचे-परखे हर शासक की नीयत में खोट खोजते हैं। हनुमान ने जब भी देवेन्द्र को अपनी योजना के बारे में विस्तार से बताया, आम नागरिकों के समर्थन का, मीडिया के समर्थन का यहाँ तक कि न्यायालयों के समर्थन का जिक्र किया, देवेन्द्र ने हमेशा उनका उत्साह बढ़ाया और शुभारम्भ समारोह में आने के लिए हामी भी भर दी है।

आखिर वह दिन आ ही गया जिसकी हनुमान को प्रतीक्षा थी। सारे अख़बारों में पूरी योजना का वर्णन छापा गया था। आम नागरिक के फायदे गिनाए थे। हाँ समय तो लगने वाला ही था–सबकी भागीदारी से यह काम होना था। कोई ठेके पर तो नहीं दे रहे थे। सो योजना के प्रथम चरण के प्रथम

प्रोजेक्ट का शुभारम्भ–एक पेडेस्ट्रियन जोन की घोषणा और एक साइकिल ट्रैक का काम।

देवेन्द्र ने हनुमान की भूरि-भूरि प्रशंसा की, उनकी लोकोन्मुखी योजना को सराहा। ऐसे अफसर आजकल बिरले ही मिलते हैं वरना अधिकांश तो ठेकोन्मुखी योजनाएँ बनाते हैं। उन्होंने आशा जताई कि किष्किन्धा के नागरिक इस योजना को लागू करने में पूरा सहयोग देंगे। 'पंडिता समदर्शिनः' की उक्ति को चरितार्थ करते हुए उन्होंने नारियल उतने ही उत्साह से फोड़ा जितने उत्साह से किसी बड़े फ़्लाईओवर के निर्माण का शुभारम्भ करते हुए फोड़ा जाए।

एक सफल प्रेस कॉन्फ्रेंस का संचालन कर डालने के बाद, देवेन्द्र को विदा कर हनुमान ख़ुश-ख़ुश घर लौटे। वह कुर्सी पर बैठ, टी.वी. लगाकर सुस्ताने की तैयारी कर ही रहे थे कि बूढ़े अनुभवी अर्दली ने आकर प्रशासनिक और कार्मिक विभाग की तरफ से आया हुआ एक लिफाफा उन्हें थमा दिया। उसके झुर्रीदार चेहरे की ओर घूरते हुए हनुमान ने पूछा, "यह क्या है अनुभवी?"

तटस्थ भाव से अनुभवी ने कहा, "हुजूर के तबादले का आदेश।"

कहानी खत्म करने के बाद वेताल ने आम आदमी से पूछा, "हे आम आदमी! यह बताओ कि इन्द्र ने पहले सुरसा और जलचरों का अनुरोध ठुकरा क्यों दिया और शुभारम्भ समारोह के बाद हनुमान का तबादला क्यों कर दिया, क्या उसे जनसाधारण, मीडिया और न्यायपालिका की प्रतिक्रिया की चिन्ता नहीं थी। अगर जान-बूझकर तुमने मेरे प्रश्नों का उत्तर नहीं दिया तो तुम्हारे सर के उतने ही टुकड़े हो जाएँगे जितनी हर साल राजधानी में सड़क दुर्घटना में मौतें होती हैं।"

आम आदमी ने एक ठंडी साँस ली और कहा, "वेताल, मुझे पता था तुम ऐसा ही सीधा सवाल कर मेरा मौन भंग करने का प्रयत्न करोगे। तो सुनो। इन्द्र ने हनुमान की योजना को मिलते हुए जनसमर्थन को सही आँक लिया था। इसलिए ही प्रकट में उसने जलचरों और सुरसा के दबाव के आगे नहीं झुकने का नाटक किया। जलचर चुनाव के लिए धन और साधन जुटा सकते हैं, मतदाता के मत नहीं–वह तो जनसाधारण के हाथ में है। सो

हनुमान की योजना के पहले चरण के पहले प्रोजेक्ट का शुभारम्भ कर उसने जनमत को अपने पक्ष में रखा।

जहाँ तक हनुमान के तबादले का प्रश्न था, सो फाइल पर इन्द्र ने यह तर्क दिया कि हनुमान जैसे कुशल और अनुभवी प्रशासक की अन्य महत्त्वपूर्ण पद पर आवश्यकता है। एक बार योजना तैयार हो जाने पर उसे पूरा करने का काम तो अन्य अफसर भी कर लेगा। इस तर्क को न न्यायपालिका में चुनौती दी जा सकती है, न इससे लोगों में रोष बढ़ेगा। यातायात से तबादला और एक अच्छे पद पर नियुक्ति इन दोनों में फर्क है! इससे साँप भी मरता है और लाठी भी नहीं टूटती। यह दीगर बात है कि हनुमान की जगह ऐसे अफसर को लाया जाएगा जिसे इस योजना को लागू करने में कोई उत्साह नहीं होगा। पर यह बात जनसाधारण पर प्रकट होते-होते उनका ध्यान और कहीं बँट चुका होगा। इन्द्र की इस चाल से हर कोई खुश और सन्तुष्ट होगा।''

''बहुत अच्छे!'' वेताल ने कहा। पर चूँकि आम आदमी का मौन भंग हो चुका था। वेताल वापस जाकर फ्लाईओवर की मुँडेर पर लटक गया। आम आदमी ने उस पर एक उचटती निगाह डाली और दफ्तर की राह चल पड़ा। आज एक बड़ी सड़क परियोजना का टेंडर खुलना था।

❒❒❒